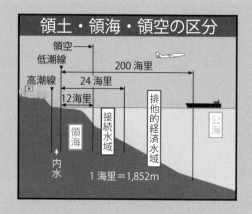

未来に続く 日本の領土

いかに拓かれ、歴史を刻んだか

吹浦 忠正

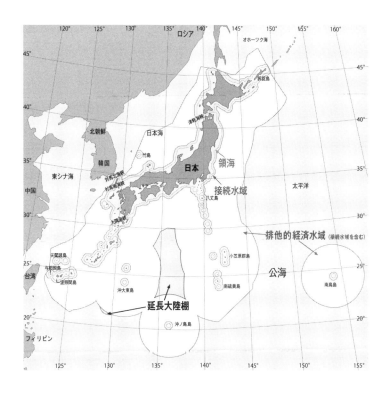

善本社

はしがき

　連日のように、北方領土、竹島、尖閣諸島のことや、日本海をめぐるニュースが報道されています。領土問題が、こんなにもメディアを賑わしたことは、記憶にありません。そして世界に目を転じ、領土をめぐるトラブルを数えると、関係国の見解や主張が大きく異なり、領土問題なのかどうかさえ、見方が分かれてしまいます。ですから「解決済み」「未画定」「問題はない」などの主張が入り混じり、確かな答は出そうにもないのです。

　また、日露間でも、歯舞、色丹の「２島返還」や「プラスα」と言っても、1956年の「日ソ共同宣言」当時はそういう概念さえなかったEEZ（排他的経済水域）が付随しての話か否か、その上空を米軍機が通過できるのか等々、検討すべき課題が山積しているのです。

　昨今、心配なのは、環境問題です。特に、プラスチックごみによる日本周辺の海洋汚染は深刻です。地球の温暖化に伴う北極海航路の開発も注目しなくてはなりません。また、水産業界へも外国人労働者が急増し、これは日本の産業の根幹に関わる懸案になりつつあります。

　地震や天気予報、中でも台風の進路の話になると、沖ノ鳥島、南鳥島、大東島など日ごろ聞きなれない島や地名が次々と出てきます。さらに、クジラやマグロに加え、サンマ、ウナギ、カツオ、カニといった魚介類の動きや各地での豊漁の報せも、「右翼でも左翼でもなく仲良く」、もとい「食欲」などと言っている筆者には、特別な関心が湧いてきます。

　実は、筆者が領土問題に本格的に取り組んだのは、45年ほど前、日本健青会という社会派青年団体の役員として『世界の領土問題』なる書籍の編著を担当して以来であり、その後、娘が修学旅行で室戸岬、屋久島、五島列島、隠岐の島を周遊して大感激して帰京したとき、領土問題に関わってきながら、このどこにも行っていない「机上の空論」を反省

してからでした。以来、各地を訪ね、また、領土問題はわが国の主権問題であり、これを理解するのは日本人としての矜持の問題だと考えてきました。

本書を執筆中の2018年末から翌春にかけて、海に関わる4つの大きな出来事がありました。年末には、日本がIWC（国際捕鯨委員会）から脱退すると通告しました。また、韓国海軍の軍艦が海上自衛隊の偵察機に軍事攻撃一歩手前の火器管制レーダーの照射を行ったこと、そして新たな「防衛計画の大綱」で、空母としての機能を持つ艦艇を海自が保有することが発表され、そして2月1日、島根県の漁船がロシアの警備艇に連行され、10人が拘束されました。日本周辺の海洋はいよいよ注目度を高めています。

本書はそんな中で、日本の基本を陸と海の地理や歴史から見直し、特に、それぞれの島の歴史や開拓に関わってきた、the man とか、key person ともいうべき人物の足跡に焦点を当てて紹介する試みです。また、食卓で話題にできるようなトリビアも交えて執筆したものです。筆者の試みがかなうことは、同時に日本の安全保障から食卓事情までを考える機会になることかと思います。「日本」を大いにお楽しみください。

本書の刊行について、（株）SBP（日野洋一代表取締役）に特段のご協力をいただきましたことを記して謝意を表します。

筆　　者

目　次

はしがき……………………………………………………………… 2

第1章　世界の中の日本……………………………………… 8

金栗四三の主張で「NIPPON」に　8／「にほん」か「にっぽん」か　10／ニッポン社会党とニホン共産党　11／世界地図の中で見る日本　14／日本の面積　ヨーロッパ諸国と比較すると　16／北海道の名付け親・松浦武四郎　18／♪　千島の奥も沖縄も　19／日本の東西南北の先端は？　21／日本から見える外国は？　25／北海道からは樺太が見える　26／慰霊の旅を重ねられる皇族の方々　27／日本に島はいくつある？　29／オーストラリアが世界の中心？　30／富山県でも「逆さま」の地図が　31／防衛上昔も今も重要な日本海　33／北前船で結ばれた大坂と日本海岸　36／文化交流の役割も担った北前船と街道筋　38／3年間の禁漁でハタハタ資源を回復　39／「北」からの不審船によるトラブル　42／戊辰戦争では海戦も　44／阿波丸は米軍に、樺太からの3船はソ連に撃沈　45／日本が救った外国船や乗組員　46／種子島への漂流民から鉄砲が伝来　47／漂流船員からの技術移転　48／ソ連の政治犯遭難者を救った猿払村民たち　49／沖縄県・宮古島でも救援活動　51／領事裁判権で対応に苦慮した井上馨外相　51／和歌山県串本町海岸で難破したトルコの軍艦　53／数えきれないほど続いた海難事故　54／太平洋航路の重要性　55

第2章　沖縄以外、全土がつながっている日本………………… 59

4つの島と沖縄と　59／幕末の馬関（関門）海峡　60／本州と九州がまずトンネルで　61／戦時の津軽丸、そして台風での洞爺丸　62／今では3本の大橋でつながっているが　63

第3章　樺　　　太 …………………………………………………… 65

1644年の「正保御國絵圖」に明記　65／東北諸藩、警備兵を蝦夷地へ
67／日魯通好条約、そして樺太千島交換条約　69／樺太をめぐる日露の力
関係に変化　70／日露戦争唯一の露領での戦闘が樺太で　71／日露戦争で
南樺太の割譲を受ける　72／トップ女優・岡田嘉子の大脱走　74／ソ連軍
の南下で迎えた終戦　76／戦後も樺太に残留した日本人　79／樺太に強制
残留させられた朝鮮系の人たち　80

第4章　千島列島 ……………………………………………………… 81

「千島の奥」を開拓した幸田露伴の兄・郡司成忠　81／19世紀は「露寇」
で始まった　85／標柱「大日本恵登呂府」の変転　87

第5章　東京都の島々と南洋の委任統治領 ……………………… 91

「伊豆七島」、今は8つの島　91／宇喜多秀家の子孫が今も八丈島に　92／
近藤重蔵の長男・富蔵の人生　93／八丈小島は無人化へ移行したモデル
94／「日本のハワイ」と言われた八丈島　97／欧米系が発見し、先住した
小笠原諸島　97／「此島大日本之内也」の標柱を建てた島谷市左衛門　99
／セーボリーらハワイから30人が移住　100／無人島に欧米人がいる!?
101／中濱萬次郎と小笠原の深い縁　103／小笠原開拓の父・小花作助
107／日本化した欧米系先住開拓者たち　109／硫黄島、正しくは「いお
うとう」 110／民間人全員が本土へ疎開　111／日本の最東端・南鳥島っ
てどんなところ？　113／水谷新六による開拓　114／パパ・ブッシュ機
を日本軍が撃墜　116／「島」ならば広大なEEZが付く　沖ノ鳥島　117
／沖ノ鳥島の北小島と東小島　119／ドイツの敗戦で日本が委任統治した
南洋群島　121

目　　次　5

第6章　北方4島返還への道……………………………………… 123

「玉音放送」後の戦闘を経て侵攻　123／「返還」と「引き渡し」　124／日露の漁業関係　125／北方領土返還後の4島の在り方について　126／詭弁を1つひとつ取り外すしかない　127／日本人としての矜持が問われている　128／資源が欲しいからではない　130／固有の領土を手放してはならない　131／停滞しているのか、急ぎすぎか　132／返還されるのか　134／返還の基礎的条件　135／ゴローニン、リコルド、嘉兵衛の尽力で始まった日露交流　137／リンドバーグが国後島を訪問　139／冬季五輪で日本初の「銀」　猪谷千春は国後島生まれ　141／北極海航路で国後島にビール工場が　143

第7章　沖縄県の島々……………………………………………… 146

明と薩摩に朝貢していた琉球王国　146／大東諸島の開拓者・玉木半右衛門　147／ラサ島（沖大東島）のリン鉱石採取　149／日本人が住んでいる最南端の島・波照間島　150／古賀家が開拓した尖閣諸島　151／戦後の尖閣諸島は米軍の射爆場だった　153

第8章　日本海の島々……………………………………………… 157

日本の「最西北端」の島・対馬　157／ロシア軍艦による対馬占領事件　158／韓国の「対馬島返還要求決議」　159／北方領土、竹島、尖閣、大会や決議が　160／配流の島①　佐渡島　160／配流の島②　隠岐の島　161／配流の島③　奄美大島　163

6

第9章　竹　　　島……………………………………………… 164

　　韓国が占拠する・竹島　164／距離の遠近は帰属と無関係　166／韓国側
　　が竹島を領有していた証拠は？　167／ホンネでいいたい「日韓併合」
　　169／「三・一万歳事件」の悲劇　172／執拗に名称変更を迫る韓国　175
　　／両国関係を深化させたい　176／ICJ での決着を求め続けよう　177

目　　次　7

第1章　世界の中の日本

金栗四三の主張で「NIPPON」に

　2019（平成31）年のNHK大河ドラマ「いだてん」が続いています。前半の主役は中村勘九郎扮する金栗四三（かなくりしそう）(1891～1983)。その金栗が、日本としてオリンピック競技に初参加した1912年のことです。

　金栗はストックホルムでの第5回オリンピック開会式で、国名を表示するプラカードを奉持して行進したのですが、国名はJAPANではなく、NIPPONでした。金栗の「肥後もっこす」らしいかたくなな主張で嘉納治五郎団長が開式直前に変えたので、そのため、本来アルファベット順である行進順はJAPANでの順のまま、ITALY（イタリー）の次でLUXEMBURG（ルクセンブルク）の前という位置でした。しかし、この大会以外の全てのオリンピック大会で日本選手団がNIPPONを主張したことも、その名のプラカードを持ったこともありません。

1912年のストックホルム・オリンピックで、NIPPONと書き換えたプラカードを奉持する金栗四三。（玉名市立歴史博物館こころピア提供）

　「日本」というわが国の国号の表記は、吉村武彦『古代天皇の誕生』（角川書店）が詳しく説くように、大陸から見て東、つまり、太陽の昇る方角、「日の本（ひのもと）」に位置することに由来します。わが国には、フランスの憲法が国名をフランス共和国とし、パリを首都と規定しているのとは違って、国号を「日本国」または「日本」、首都を東京と規定した法令はありません。

まして、それをどう発音するかといったことは決まっていません。ただ、「大日本帝國憲法（1890）」は「だいにっぽんていこく……」と読むのが普通ですが、「日本国憲法（1947）」は、この憲法の誕生当時、金森徳次郎国務大臣が「ニホン、ニッポン両様の読み方がともに使われることは、通念として認められている」と、どちらでも良い旨、述べています。

　また、麻生太郎首相時代の 2009 年 6 月 19 日に岩國哲人衆院議員（民主党・無所属クラブ）から提出された「日本国号に関する質問主意書」に政府は、同年 6 月 30 日に「『にっぽん』『にほん』という読み方については、いずれも広く通用しており、どちらか一方に統一する必要はない」とする答弁書を閣議決定して答えています。

　ただし、日本銀行が発行している紙幣は、表には「日本銀行」、裏には「NIPPON GINKO」と表示しています。そして、日本が発行している郵便切手の表示はすべて NIPPON になっています。また、わたしたちの旅券の表紙には「日本国旅券」「JAPAN PASSPORT」と表記されているだけで、「NIHON」とも「NIPPON」とも書かれていません。

　加えて、各国の旅券の多くはその部分に国章が表示されていますが、日本には国章の規定がないまま、皇室の御紋（十六八重 表 菊）に由来する「十六一重 表 菊」が金色で印刷されています。

　ちなみに、1912 年のストックホルム・オリンピック、14 カ国が参加したのですが、今とはその多くの国旗が違うデザインでした。また、第一次世界大戦をはさんで、金栗は 3 回のオリンピックに参加したのですが、「いだてん」では「国旗考証」を担当した者として、恥ずかしながら、タイトルのところに筆者の名が何度も登場し、「まさか選挙に出るんじゃないだろな」と往年の悪童どもには冷やかされています。

　ところで、多かれ少なかれ、国や国旗・国歌などのことに思いが至るのはナショナリズムに触れることになります。最近、アメリカで話題になっているオラム・ハゾニー（イスラエルの哲学者）『ナショナリズム

第 1 章　世界の中の日本　9

の美徳』には「各国が独自に進むべき道を描き、伝統を培い、誰にも邪魔されず国益を追求する」、これがナショナリズムであり、「最良の世界秩序はそうした国々の集合である」「アメリカ主導の世界秩序は究極的には国際法を軍事力で押し付けるものであり、各加盟国の政治的経済的な独立を削ぐのがEU（欧州共同体）であって、ともに帝国主義である」と説くのです。その正否は議論を呼ぶところでしょうが、「America first!」と叫ぶトランプ政権がこの本の影響を受けているという報道もあります。世界が大きく動き出す、あるいは揺らぎ始めている今、国やナショナリズムの現況や変化を知り、他を排除しない、節度あるくらいになるよう気を配りたいものです。

「にほん」か「にっぽん」か

　「日本」は「にほん」とも「にっぽん」とも読むことができます。しかし、日本に今に伝わる最古の正史である『日本書紀』（720）は、最初から「にほんしょき」と読まれてきたし、仮名では「にほん」と表記されています。岩崎小彌太は『日本の国号』（吉川弘文館）で、7世紀後半の大陸との関係から国号が必要となり、呉音では「ニッポン」、漢音では「ジッポン」と読まれたものと推測されるとしています。

　古くは、奈良時代の初め702年、新たに策定された大宝律令を携えて出発した第7次遣唐使一行のうち、704年に帰国した山上憶良（660？〜733？）の歌が『万葉集』にあります。憶良は長安で設けられた送別の宴席上で「在大唐時　憶本郷作歌大唐に在る時（本郷を憶ひて作る歌）」を詠んだ。そこには「去来子等　早日本邊　大伴乃　御津乃濱松　待戀奴良武（訓読）いざ子ども　早く日本へ　大伴の　御津の浜松　待ち恋ひぬらむ」と「にほん」が出てくるのです。

　安土桃山時代にポルトガル人が編纂した『日葡辞書』では、「ニッポン」「ニホン」「ジッポン」の読みが見られ、その用例から判断すると、

改まった場面・強調したい場合に「ニッポン」が使われ、日常の場面では「ニホン」が使われていたと分かります。「ジッポン」は大陸からヨーロッパに伝わって、Japon（ハポン、西語）、Japan（ヤーパン、独語）、Japan（英）、Япония（ヤポーニア、露語）などとなったものです。

　近年、国レベルでは、1934年に当時の文部省臨時国語調査会が呼称統一案として「ニッポン」にすることを決議しましたが、閣議決定に至らず、現在に至っています。

　NHKでは、現在の放送用語委員会の前身「放送用語並発音改善調査委員会」が、同じ34年の発足当時に「正式な国号として使う場合は『ニッポン』、そのほかの場合には『ニホン』と言ってもよい」という旨を決定していますが、「放送上、国号としては『にっぽん』を第1の読み方とし、『にほん』を第2の読み方とする」と決定しました。

　しかし、2004年4月に実施のNHK「放送研究と調査」の、＜2003年後半の「ことばのゆれ」全国調査によると、「ニホン」が61％、「ニッポン」が37％という結果だった＞そうです。また、調査を分析した専門家は＜年代別では、若い人ほど「ニホン」が増える傾向がありました。揺れてきた「日本」の読み方は、これまでのNHKの方針とは異なる「ニホン」派が増えていくのでしょうか＞と述べています。

ニッポン社会党とニホン共産党

　「ニッポン」と「ニホン」は、両方が使用されており、「にっぽん」と発音するのは、日本一、日本男児、法人は日本郵便、日本放送協会（NHK）、日本郵船、日本通運、日本武道館、全日本空輸、近畿日本鉄道、日本体育大学、日本電気などであり、お札や切手もNIPPONで、「♪富士は日本一の山」です。

　一方、「にほん」と発音するのは、日本語や日本人、日本文化、日本政府、日本大使館、日本刀、日本地図、日本海、日本アルプス、日本平、

第1章　世界の中の日本　**11**

日本料理、日本酒、さらに法人では、日本オリンピック委員会（JOC）、日本大学、日本航空、日本経済新聞、JR東日本、NTT東日本、日本相撲協会、日本旅行など。日本犬だけは「にほんけん」でも「にっぽんけん」でもいいようです。古い例として、シーボルト Philipp F. B. von Siebold（1796〜1866）が著作の題を『Nippon』としています。

　ちなみに、日本橋は、東京では「にほんばし」、大阪では「にっぽんばし」です。「東のアキバ、西のポンバシ」とも称される電気街や国立文楽劇場が「にっぽんばし」の近くにあります。近くの「日本橋1丁目」の交差点は略して「にっぽんいち」というのだとか。

　泉鏡花の『女系図（おんなけいず）』に並ぶ戯曲の代表作に『日本橋』（1914）があります。新派古典劇の代表作の1つに数えられていますが、これは「にほんばし」です。

　ところで、永田町で過去30年間、国会に複数の議席を有したことのある政党を列挙してみると、日本共産党だけが「にほん」です。日本社会党、日本自由党、新党日本、たちあがれ日本、日本維新の会、日本未来の党、日本を元気にする会、日本のこころを大切にする党は、いずれも「ニッポン」です。「ニッポン」のほうが政党としての勢いを感じさ

大阪の日本橋1丁目交差点（松崎正氏撮影）

せるとでもお考えなのでしょうか。

「促音脱落」で栗鼠が「リッス」から「リス」に、蜜柑が「ミツカン」から「ミカン」に、キスが「キッス」から「キス」に、ピーナッツが「ピーナツ」になったようなものと同じで、「ニッポン」が「ニホン」になったという説もあると、今やNHKの大人気番組になった「チコちゃんに叱られる」（2019年3月1日放映）で紹介していました。

コラム　国旗・国歌・国花・首都……

1870年の太政官布告第57号で、「商船ニ掲グベキ御国旗」として、「日の丸（日章旗）」を定め、1999年8月13日施行の「国旗国歌法」で、「日の丸」と「君が代」を正式に国旗・国歌として規定しましたが、国鳥はキジ、国蝶はオオムラサキと関係の学会が昭和の時代に選定し、『広辞苑』にも記載されています。国花はサクラまたはキクであるのも決まりはありませんが、常識とされています。同じく、日本首都も東京と明確に規定しているわけではありません。首都圏整備法に、この法律第2条で「首都圏」とは、東京都の区域及び政令で定めるその周辺の地域を一体とした広域をいう、とあるだけです。

最近、自民党の有志議員が日本発祥のニシキゴイを「国魚」に指定して、輸出拡大につなげようと議員連盟が設立されました。

ちなみに、「県魚」というのがあり、秋田県のハタハタ、高知県のカツオ、山口県のフクなどが決まっています。ほかには、青森・茨城・鳥取がヒラメ、群馬・岐阜がアユ、富山がブリ・ホタルイカ・シロエビ、福井が越前ガニ、和歌山がマグロ、島根がトビウオ、広島がカキ、香川がハマチ、愛媛がマダイ、熊本がクルマエビ、沖縄がタカサゴ（グルクン）といった具合に、「県魚」に指定しているのです。

コラム 「国民」でよかった

　「日本国籍を持つ人」のことを、1889年2月11日公布の「大日本帝国憲法」では「臣民」、1946年11月3日公布の「日本国憲法」では「国民」、しかし、同年6月29日に発表された、日本共産党の「日本人民共和国憲法」草案では「人民」と表しています。筆者は、日本国民であって心底「よかった」と思います。あなたはいかが？「日本国語大辞典」によると、「国民」というのは1875年の「明六雑誌」（32号）で西周が『国民気風論』が「此地質上の性質と前の政治并に道徳上の気風とは相待て成る者にて、両相合して我が日本国民の現在の気風とは成りたるなり」と書いたのが初出のようです。

世界地図の中で見る日本

　日本は依然として経済的には世界のトップグループにあることは間違いありません。それでも1千兆を超える国の借金を思い、その解消策が明確でないことを考えると楽観はできません。友人の計算では1万円札100枚で1cmとすれば、1千兆円の厚さは、東京からマニラくらいまでになるとか、途方もない話です。

　産経新聞2019年元旦号の「平成は『敗北』の時代だった」（乾正人論説委員長）によれば、「平成元（1989）年、日本の国内総生産（GDP）は世界全体の15％、米国は28％だった。それが、今、米国は25％に留まっているが、日本は6％を占めるにすぎず、かつて、時価総額世界上位50社中、日本企業はなんと32社をも占めていたのですが、今やトヨタ1社のみになった」というのです。

　他で比べると、まず、国としての存在感は、どんなものでしょう。ノーベル賞の受賞者数はアジアでは断トツです。しかし、発信力となると、日本語という、世界の「孤児」的存在の言語をこの島だけで使っている1億2千万人が居住しているという珍しい存在です。

　国連改革は独、印、伯……などとともに安保理常任理事国への「昇格」

は中国の壁に阻まれたままです。スポーツ分野では、オリンピック、ラグビー世界選手権をはじめ、さまざまな分野で日本は貢献し確固たる地位を占めています。

　ところで、わたしたちは普段、16世紀以来のメルカトル図法による、日本がほぼ中央にある世界地図を見慣れています。しかし、欧米諸国の人たちにしてみれば、一般的にはなじみのないもののようで、わたしは以前、ドイツである学者のご家庭に民泊させていただいたとき、「面白いね。とても珍しい世界地図ですよ、これは」と言われて、お土産に置いてきたことがあります。以来、欧米用のお土産の1つとして、日本中心の地図を頭に入れてきました。

　欧米では確かに東経・西経0度線（イギリスのグリニッジ）をほぼ中央に置いた世界地図が普通です。するとどうでしょうか。欧米製の世界地図ですと、右の端にへばりついているような小さな島であり、極東Far Eastと呼ばれるのも、無理もないというほかありません。でも、「地理上の発見」時代のスペインやポルトガル、「大航海時代」を経てオランダや「太陽の沈むことのない国」とされたイギリスなども、この遠い遠い位置にある小さな島国で、特に資源もない日本を武力で侵略する意欲がそれほど湧かなかったのかなと納得し、そして、日本人が長い歴史において「地理的、地政学的にとても恵まれていた」ということなんだな、との思いに至るのです。

　古代において大陸に栄えた王朝にしても、周辺地域にどんどん勢力範囲を拡大して行きましたが、海を渡っての日本へは、侵攻できませんでした。危惧された白村江の戦（663）の後や、元による文永・弘安の役（1274、81）であっても、日本は武力制覇を防ぐことができました。

　もちろん、16世紀にやってきたポルトガルやスペインからの宣教師が本国や教皇庁に報告した書簡にあるように、わたしたちの先祖が社会秩序を保ち、防衛体制を構築していたということも重要ですが、この地

第1章　世界の中の日本　15

理的な優位性は、創造主に感謝するほかないように思います。

　近代にあっても、日露戦争（1904 ～ 05）において、海をうまく活用して将兵や武器・弾薬を大陸に送り、最後は日本海でバルチック艦隊を撃破し得て、陸軍大国ロシアにかろうじて勝利したのでした。

　「海は 100 万の兵に相当する」と言われますが、欧米からは海路でも遠く、アジア大陸からは日本海や東シナ海で隔てられてきたことが、今も昔も、日本の安全保障と日本人の安寧にどれだけ貢献してきたか、時に、真摯に振り返りたいものです。

　ちなみに、島根県江津市で聞いた話です。日露戦争時、1905 年の対馬海戦で被弾し、航行不能となり、同市真島沖で座礁し、降伏したバルチック艦隊の特務艦イルティシュ号（15,000ﾄﾝ）の全乗員 235 名を、地元民が救助し、海軍が全員をウラジオストクに送還したという史実があり、記念碑も建てられています。最近、難波利三『イルティッシュ号の来た道』が、江津市のイルティシュ号救援史を絵本にして語り継ぐ実行委員会から、みはしたかこのすばらしいイラストで刊行されました。

　後述しますが、明治以降だけでも、江津市ばかりではなく、沖縄県宮古島、北海道猿払村、和歌山県串本町などに先人たちの誇るべき海難救援史があるのです。日本にはいつの時代にも敵味方の区別なく、敗者を助けるという、新渡戸稲造が、『武士道』で説いているように、国際人道法であるジュネーブ条約をすうっと受け入れる土壌があったのだと思います。

日本の面積　ヨーロッパ諸国と比較すると

　「極東の島国」というと、日本はいかにもちっぽけな国のようなイメージですが、ヨーロッパ諸国と日本の面積を比較してみると……、

① 　ロシア欧州部　約 3,960,000km^2（ウラル山脈以西のヨーロッパ部のみ。インドより広い）

② ウクライナ 　　約 604,000km^2 （クリミア半島を含む）

③ フランス 　　　約 552,000km^2 （海外領土を含まない）

④ スペイン 　　　約 505,000km^2

⑤ スウェーデン 　約 450,000km^2

⑥ **日　本** 　　　**約 378,000km^2**（北方 4 島 5,003km^2 を含む）

⑦ ドイツ 　　　　約 357,000km^2。 　　　　　　（下 3 桁は四捨五入）

　つまり、日本の面積は、仏、西（スペイン）、典（スウェーデン）より小さく、独より大きいということです。

　ロシア全体の面積は日本の約 45 倍ですが、ヨーロッパロシア（ウラル山脈とカザフスタンとの国境まで）の面積は 2018 年末現在の EU（欧州連合）加盟国の総面積（約 4,290,000km^2）よりやや小さいのです。イギリス（約 245,000km^2）が EU を離脱しても、EU 加盟国の合計面積はロシア欧州部を少々、上回っています。

　ロシア連邦の全人口は日本より 1 割ほど多い約 1 億 4,000 万人です。しかし、その約 77%（約 1 億 1,000 万人）はウラル山脈以西のロシア欧州部に居住しており、ロシアの全面積の約 75% の領土はアジア側に属するのです。そして、ロシアのアジア部には人口の約 22% しか住んでおらず、人口密度も 2.5 人／km^2 と約 10 倍と大きな開きがあります。しかも、インフラや教育など居住環境が厳しく、男性の単身赴任が多いこともあって、離婚率が世界屈指といわれるほど高いのです。近年、ザバイカル（バイカル湖以東）地方から東のロシアの人口は急激に減少しています。これが、この国全体として、国難というほどつらいところです。「日本にはシベリアや極東地区の開発に協力してもらいたい」は、1973 年以来、約 50 回開催してきた「日ソ（露）専門家会議（対話）」での、ロシア側からの強い要望です。そして「日本が早く協力しなければ、バスに乗り遅れますよ」とは聞き飽きた、かの国の参加者たちからの常套句であり、「あたたかい助言」でした。

「そのためには北方4島を返還して日露平和条約を結びましょう」と応えてきたのですが、ロシア側の新しい参加者は、また同じようなことを言います。「次のバスでも間に合いますから、どうぞバスを出してください」という気持ちで、日本人の矜持を示したいものです。

日本の総面積は 377,973.89km²。国土だけでは世界で 62 番目の大きさですが、国連海洋法条約（1982 年署名、94 年発効）で、海岸から 200 カイリ（約 370.4km）までを EEZ（排他的経済水域）といって、沿岸国だけが自由に経済活動などができる海と規定されていますので、それを含めると、日本はなんと領土・領海（12 カイリ）・接続水域（12 カイリ）、EEZ（沿岸から 200 カイリ）を合わせると世界で 6 番目に大きな面積を保有する国となります。

北海道の名付け親・松浦武四郎

2018 年 8 月 5 日、天皇皇后両陛下をお迎えし、札幌で「北海道命名 150 年目を迎える記念式典」が開かれました。幕末期に蝦夷地（えぞち）と呼ばれていた北海道を 6 回にわたり踏査した探検家・松浦武四郎（たけしろう）（1818～88）が考案したことを基にしての命名でした。

松浦は僧籍にあった人ですが、1844 年に還俗（げんぞく）して、蝦夷地探検を始めました。46 年には樺太詰となった松前藩医・西川春庵の下僕として

「北海道の名付け親」松浦武四郎

同行し、樺太や択捉島にまで足跡を残しました。1855 年、幕府から蝦夷御用御雇に抜擢されると再び蝦夷地を踏査し、『東西蝦夷山川地理取調圖』を上梓しました。明治政府になってからも1869 年には開拓判官となり、蝦夷地に「北海道」と命名しました。また、アイヌ語の地名を聞き取り、それを参考にして、釧路、根室、稚内、留萌、網走などの地域名を漢字で表記することもこの人が考案しました。

　松浦は身長 150cm と小柄でしたが、そのエネルギッシュな行動力は北海道全体に及び、今では道内に 50 基以上の記念碑があるそうです。その 1 つ、天塩町鏡沼海浜公園に建つ松浦の歌碑には、2 首刻まれています。

　　　　蝦夷人のみそぎなしたる天塩川　今宵ぞ夏のとまりをばしる

　　　　ながむれば渚ましろに成にけり　てしほの浜の雪の夕暮れ

♪　千島の奥も沖縄も

　これよりさき、日本の本土からつながるように伸びているのが、北はサハリン（樺太）と千島列島、南は伊豆半島から小笠原諸島、南西は奄美諸島、沖縄から先島諸島です。

　今はあまり卒業式で歌われなくなったようですが、「世界で 2 番目に多く歌われてきた曲」とされるのが「蛍の光」（ちなみに、第 1 位は「Happy Birthday to You」）は近代日本に初めて入ってきた西洋音楽（スコットランド民謡「Auld Lang Syne」）です。1875 年の樺太千島交換条約を経て、日清戦争（1894 〜 95）の後にその「蛍の光」に 4 番の歌詞ができました。

　　　　千島の奥も沖縄も　八洲の内の護りなり

　　　　至らん國に勇おしく　努めよわが背　恙無く

　1881 年に我が国最初の音楽教科書『小学唱歌初編』に掲載され、「卒業式」や船の出港、お店の閉店時などの歌として今なお親しまれていま

す。

　明治政府は琉球に対し、1875 年、武力を背景に強制的に日本へ統合し、79 年、琉球藩を廃し、中央政府の管轄下に沖縄県を設置しました。

　その後、日露戦争の勝利（1905）で北緯 50 度以南が割譲され、第一次世界大戦の講和条約であるベルサイユ条約（1919）以降、現在はそれぞれが国連に加盟し、独立国となっているマーシャル、ミクロネシア、パラオが国際連盟による日本の委任統治領となり、＜この「4 番の歌詞」は「千島の奥も台湾も」「千島の奥も南洋も」などへと、領土拡大とともにいろいろ変わっていった＞（小林善彦東大名誉教授）ということです。

　1895 年 4 月 17 日、日清戦争（1894 ～ 95）の講和を図る下関条約が署名され、日本は台湾の割譲を受けました。

　主に台湾原住民が居住していた台湾は、ポルトガル語で Formosa（麗しの島）と呼ばれた時期もあり、オランダやスペインが支配していた時代もありましたが、17 世紀ころから漢族が移住し始めました。明朝の遺臣・鄭成功（1624 ～ 62、平戸で鄭芝龍と日本人・田川マツの間に生まれた、幼名：福松）は 1662 年、明朝を再興すべくオランダの勢力を追放し、同島初の政治的実体である東寧王国を樹立しました。最終的には次の清朝が同王国を破り、台湾島を併合したのです。しかし、この島が国際社会で一定の評価を受けるようになったのは、下関条約以降のことでした。以来、約 50 年、その開拓、発展を図り、多くの台湾住民に今でも、感謝されることが多い、友好関係を築いてきました。

コラム　与那国付近にミサイルや空母

　1996 年 3 月、台湾初の総選挙に際し、中台（両岸）関係が緊張しました。独立傾向にある民進党の動きを牽制すべく、中国は台湾近海に短距離ミサイルを撃ち込み、内、少なくとも 2 発が、与那国島の西約 50km 地点の海上に

着弾しました。付近はカジキマグロなどの好漁場で、漁師たちは危険を感じ、しばらく出漁を控えました。また、中国は 2018 年 4 月、空母「遼寧」をふくむ 7 隻の艦隊を与那国島付近に派遣し、艦載機の発着訓練を行いました。

　こうした動きに対し、陸上自衛隊は鹿児島県の奄美大島に地対艦、地対空ミサイル部隊を配置、石垣島の地対空ミサイル基地や新たに沖縄県の宮古島駐屯地にも両ミサイル部隊の配備を進め、防衛力、抑止力の構築を図っています。

日本の東西南北の先端は？

　●東端：南鳥島（東京都）　地理上の東端は東京都小笠原村の南鳥島。気象庁の職員と海上自衛隊員のみの滞在。別名マーカス島です。しかし、一般の日本人が実際に住んでいる、最東端の独立した自治体は根室市（小中高校があります）です。人口は約 26,000 人。往時の約半分の半分になり、ベトナムからの約 200 人が根室の水産業の維持に貢献しています。最西端の与那国島とは、初日の出の時間が 2 時間以上、違います。

　●南端：沖ノ鳥島（東京都）。島か岩かで国際的な論争があります。EEZ を含めると本土（38 万 km^2）の 110％強（40 万 km^2）にあたる広域を構成していますので、国や東京都はその保全に努めています。居住者はいません。

　住民がいる最南端の島は沖縄県竹富町の波照間島で、その高那崎には「日本最南端の碑」があります。島の人口は 496 人（2018 年 3 月末現在）小中学校があり、交通信号で戸惑うことがないようにと、波照間小中学校の正門前に 1 カ所ついています。

　●西端：与那国島（沖縄県）で、島全体で与那国町となっています。中学校卒業とともにほとんどの生徒は石垣島や沖縄本島などの高校に進学します。最西端の西崎岬からは天気晴朗であれば、台湾が見えるそうです。西崎と書いて「いりざき」と読むのは、沖縄では太陽が昇る方角

第 1 章　世界の中の日本　21

を「あがり」と言い、沈む方角を「いり」と言うからなのだそうです。

　筆者は何度か岬に立つ機会がありましたが、「年に11日くらいかな、見える日は」と観光協会の人が言っています。日ごろのなんとかに比例するというらしいですから、西崎にはお互い？あまり期待しないで行かれたほうがいいのかもしれません。

　与那国島は戦略的要衝であり、2016年、自衛隊の通信・監視部隊が配備され、隊員と家族の転入により、与那国島の人口は約9年ぶりに1,700人台（うち15％が自衛隊関係者）を回復したのです。また、町財政にとっても年間で住民税約4,000万円と駐屯地賃貸料約1,500万円が増収となり、後者を財源に島内に5つある小中学校と幼稚園の給食を無償化しました。「自衛隊側も、島の動植物を保護するビオトープを設置したり、一緒に夏祭りをしたり、敷地内にある遊具施設や体育館・運動場を開放したりするなどして、地域へ配慮をしてくれています」と筆者の友人である町の幹部は言い、「当初の心配はずいぶん減りましたね」と喜んでいます。駐屯地ができて、島民の生活にも少し変化が生じてきているようです。

　日本の東西南北端で、唯一、一般の交通機関で誰でも自由に訪れることができるのが与那国島。また、東京からの直線距離は約2,000km超、東京から最も離れた「日本」です。

「渡海の西崎の潮はなの清らさ　与那国の美童の容姿の清らさ」と歌が彫られている（与那国町観光協会提供）

戦前、台湾は日本の領土だったので、与那国町と台湾は同じ経済圏にあって自由に行き来していましたが、戦後は、日本が台湾の領有を放棄していますので、十分な交流はできていませんでした。しかし、近年、台北より南に位置する与那国町は、台湾東岸の花蓮市に事務所を置くなどして、その拡充に努めています。

　2018（平成30）年、両陛下はこの島を訪れておられます。宮内庁は年末、この年に詠まれた歌として以下の2首を発表しています。

　　　御製　あまたなる人ら集ひてちやうちんを
　　　　　　　共にふりあふ沖縄の夜
　　　御歌　与那国の旅し恋ほしも果ての地に
　　　　　　　巨きかじきも野馬も見たる

●北端：択捉島（北海道）の北端カマイマッカ岬です。しかし、ここでは、その南西の太平洋岸に位置する単冠湾を紹介しましょう。

　単冠湾は、1941年11月22日、旗艦・赤城以下、加賀、蒼龍、飛龍、翔鶴、瑞鶴の6空母を含む31隻から成る大日本帝国海軍第三航空艦隊（南雲忠一司令官、1887～1944）が集結し、同26日にハワイへ向けて出立した場所です。ここから太平洋戦争が始まったと思うと感慨無量でした。霧が多いこと、島であることによる情報遮断の容易さ、真珠湾に距離的に最も近い場所であることなどが、大艦隊集結の地として選ばれたようです。

単冠湾。写真は吉岡明子（ユーラシア21研究所常務理事＝当時）撮影

12月8日、米戦艦4隻を撃沈、2隻を大破させ、米太平洋艦隊を行動不能にする戦果を挙げました。1998年7月、戦後初めて、かつ、ただ一回だけ、筆者を含む日本人7人が合法的にここに立つことが許されたのでした。

　戦前、この地で過ごした阿部いちは『ヒトカップ湾の想いで』（五稜出版社）の冒頭、「我が家を背にして、目を少し空にむける。千島富士とよばれている1,300メートルの単冠山、頂きには一年中、白い雪を残している雄大で美しい姿が目に入る。なだらかな稜線、ウェンシリ岬に続く太平洋の地平線、手前は単冠湾です。目を右手に移すと、丸みのある海岸線、海岸は殆ど砂浜であるが、なか場ごろに奇岩が岩山をなしていて、眼鏡岩、ラッコが住んでいるというラッコ岩、岩肌には高山植物の花が群生し、蕗やうどが大木のような繁りになっている。砂浜は波の寄せるところから200メートル程のところは小高い砂丘になっていて、ハマナスが大、小の塊で点在している。」「大東亜戦争、ハワイ奇襲の直前、ヒトカップ湾に集結した軍艦や輸送船の廃油のために、羽根が広がらず、飛べなくなった多くの海鳥たちは、ヨチヨチ歩いていたが餌もとれず、ずいぶん沢山死んだ」と述べている。また、阿部によると、「湾の深さは40メートルぐらい」だそうです。

　NYなど米本土から日本に戻るとき、機内右側の窓から択捉島が見えることは、案外知られていないのではないでしょうか。佐々木譲『エトロフ発緊急電』（新潮文庫）は読み応えがあります。

[コラム]　日本が実効支配している最北端はトドの島

　現在、日本の管理下にある最北端は、稚内市の弁天島。宗谷岬の北西約1.2km沖合、北緯45度31分35秒にある面積はわずか0.005km^{2}に過ぎません。トドの上陸地となっており、1980年代の調査では50頭ないしは60頭を数える程度でしたが、2017年にはその数2,000頭の上陸が確認され、

同島と周辺海域で約 6,000 頭もが確認されています。

日本から見える外国は？

　正解は 4 カ所です。晴れて霧や霞がかかっていないような好天には

①　北海道稚内市宗谷岬とその周辺からサハリン（樺太）、

②　北方領土の択捉島北端のカマイマッカ岬とその周辺から北隣りの得撫島、

③　長崎県対馬市鰐浦付近から韓国の釜山、

④　沖縄県与那国町の西崎付近から台湾の山々、

が見えます。

　稚内市は 1975 年には人口がピークで 5.5 万人ほどに達していました。それが 44 年後には 3.5 万人程度まで減り、しかも、少子高齢化が深刻です。根室もそうですが、冬に市内を車で回ると、交通標識にはロシア語が付記されており、「大安売り」「ロシア人歓迎」などのロシア語表記が目につき、少し大げさかもしれませんが「歩いているのはロシア人ばかり」という印象です。「日本人はみな自動車だからですよ」との言葉になぜか安心します。

　稚内にはサハリンから、根室には国後や色丹からの船員が「船員手帳」で特別上陸許可を得ることができるのです。

　また、対馬では、先年までは昼から道端や公園などで車座になって酒盛りするなどマナーの悪さから、ひんしゅくを買い、「韓国人お断り」の貼紙も目立ちましたが、韓国の旅行社が「自主規制」を呼びかけ、だいぶ改善されたようです。

　古くは『魏志倭人伝』や『日本書紀』にも登場する対馬ですが、釜山まで最短で 49.5km と近いことから、近年、韓国人の観光客が急増し、年間 40 万人にもなり、対馬の不動産や土地を買収したり、日本人を雇用してホテルや飲食店を開くなど活発な動きが見られます。

第 1 章　世界の中の日本　25

対馬市の「長期人口ビジョン」には、「市の主要産業であった漁業の減少率は著しく、要因としては、後継者不足や磯焼け、底引き漁等による資源の枯渇、取引価格の低迷等により生計を維持することが厳しい状況になってきたことが挙げられる」とあります。1975年には約7万だった人口が、今では約3万まで激減しています。こうして、韓国人なしには島の経済が成り立たなくなってしまっているのです。

　2008年に海上自衛隊対馬防備隊本部に隣接する土地が韓国資本に買収され、韓国系観光客を受け入れるリゾートホテルになったことは衝撃を与えました。

北海道からは樺太が見える

　稚内駅から車で45分、宗谷岬の先端には美しいデザインの「日本最北端の碑」が建っています。碑の建立は1968年。緯度にあやかり高さは4.531m、北極星の一稜をとった三角錐を形どり、稚内で採れたジャスパー（石英のような鉱物）をちりばめた三角形の中に北極星の光と北を意味する英語 North の「N」をシンボルとして中央に取り付けたものです。台座が円形なのは「平和と協調」を表すもの。現在の碑はその後、改築し、高さも6.8mに作り直したものです。

　「前方3方が海、正面に43km先のサハリンの島影が浮かび上がり、日本の最北端であることを実感できます」と一般社団法人稚内観光協会のHPにはあります。

　しかし、ここは日本の最北端ではありません。択捉島のカマイマッカ岬（45度33分26秒）が宗谷岬の最北端、さらにはその先にある弁天島より北に位置しているからです。緯度の1分は1マイル（1,852m）ですから、カマイマッカ岬は宗谷岬より3.7kmほど北ということになります。稚内には何度か行くご縁があり、歴代の市長さんたちにそのようにお伝えしましたが、「これしか観光資源がありませんので、勘弁し

てください」という返事。せめて「お断り」でも書き添えてほしいのです。

その稚内市役所には建設産業部に「サハリン課」があり、旧樺太の大泊町（現・コルサコフ市）とは、近年、双方の努力で、夏場だけ、フェリーが運航されています。片道5時間半の航海です。戦前は「稚泊航路」が設定され、定期便が通っていました。サハリン州都ユジノサハリンスク（旧・豊原市）には今でも稚内市の事務所があります。

日本の最北端。択捉島のカマイマッカ岬とラッキベツの滝（海上保安庁提供）（左）
稚内市にある日本「最北端」の碑（右）

慰霊の旅を重ねられる皇族の方々

台湾には、日本統治時代（1805～1945）には富士山（3,776m）より高い、日本時代には新高山と呼ばれた現在の玉山（3,997m）をはじめ、326もの3千メートル級の山があるそうで、いつぞや、筆者は台北で、68歳にして全326山に登頂したという男性の祝賀会に出席したことがあります。そのとき思い出していたのは、「ニイタカヤマノボレ1208」が「12月8日午前零時を期して戦闘行動を開始せよ」の意であり、「トラ、トラ、トラ」が「ワレ奇襲ニ成功セリ」であることでした。真珠湾攻撃時のあまりに有名な暗号です。

ところで、これらのうち、昭和天皇がご巡幸されたのは、1924年に樺太を戦艦「長門」で樺太に行啓され、樺太庁や王子製紙などを訪問されました。摂政宮の時代です。

また、1929 年には相模湾での観艦式の後、小笠原の父島に立ち寄られた記録があります。また、平成の天皇・皇后両陛下は、慰霊のためサイパン、パラオ、フィリピンなど激戦地を歴訪されました。

　　　戦ひにあまたの人の失せしといふ　島緑にして海に横たふ

　これは陛下がパラオ諸島最大の激戦地ペリリュー島の情景を詠まれた御製です。「象徴天皇として感情を抑えて詠まれ、だからこそ重みや包容力がある」と歌会始の選者である三枝昂之が述べておられます（2019月 1 月 15 日付、読売新聞）。筆者もその折、パラオの人たちが歓迎のために振る両国国旗の準備に関わりましたし、その少し前、世界屈指の美しさではないかと思われるパラオ諸島を訪ねる機会がありましたが、合掌の日々でした。

　また、両陛下は国内の離島にも足しげくご訪問され、1994 年 2 月に、飛行艇で父島へ、さらに先の大戦で激戦が行われた硫黄島を訪れ、戦没者の慰霊にあたられました。2017 年には飛行機で奄美大島へ、2018 年には与那国島、利尻島に行幸啓されています。

　また、秋篠宮妃紀子さまは 2019 年の歌会始の儀で、

　　　日の入らむ水平線の輝きを 緑閃光と知る父島の浜に

と詠まれました。グリーンフラッシュは、太陽が完全な日没、または日の出直後に、緑色の光が一瞬輝いたようにひらめいたり、太陽の上の弧が赤でなく緑色に見えるようになる、稀な自然現象のことです。

　父島は東京都心から約 1,000km、東海汽船のフェリーで片道 24 時間かかります。2017 年 7 月下旬、紀子さまは、当時、お茶の水女子大付属小学校 5 年生であられた長男・悠仁さまとともに、私的に小笠原村をご訪問、父島、南島、母島を回られ、戦没者の慰霊をなされました。グリーンフラッシュはその時にご覧になられたのでしょう。

　これを見た人は幸せになるという迷信？が世界各地にあるようです。どうぞお幸せに。

日本に島はいくつある？

　わが国には全 6,852 島があり、その中で面積が 1 km² 以上のものは 323 あると、国土地理院や海上保安庁が発表しています。ここでは、周囲が 0.1km 以上のものを数えたということです。しかし、周防大橋（山口県）とか平戸大橋（長崎県）のように橋や防波堤など細い構造物でつながっている場合は島として数えます。鹿児島県の桜島は現在、大隅半島の一部です。しかし、8,000m もの黒煙を上げた 1914 年 1 月 12 日の「大正噴火」までは文字通り「島」でした。大隅半島との間には、幅 330 〜 400m、水深 70 〜 80m の瀬戸海峡がありましたが、噴火の溶岩によって陸続きになりました。このほか函館山(北海道)、男鹿半島(秋田県)、江の島（神奈川県）、潮岬（和歌山県）、青島（宮崎県）のように、それより幅が広く本土とつながって一体化しているものは陸繋島と言って、含まないということです。

　鹿児島県には 1478 年まで烏島という島がありましたが、桜島の「大正噴火」の反動とでもいうのでしょうか、桜島が陸続きになった時、逆に水没してしまいました。

　また、国土地理院は、面積 1 km² 以上となる島のリストを毎年公表しています。また、公益財団法人日本離島センターは 1982 年に、日本で地図上に名前のある島の総数は 4,917 であると発表しました。その後、名前がはっきりしなかった島に命名する作業が進み、今では無名の島の数は急減しつつあります。

　その島に住民がいるかどうか。国土地理院は有人の離島を 255 とし、「その 1 割ほどが今後 30 年で無人になる可能性があると言われている」と 2018 年 12 月 30 日付朝日新聞は報じています。都道府県別だと、長崎県が最多で 971（うち無人島 522）、次が鹿児島県の 605、3 番目が北海道で 517（北方領土の 9 島を含む）の順。海があるのに島がないのは大阪府です。北方領土は択捉、国後、色丹の 3 島と 6 島からなる歯

舞群島（貝殻、水晶、志発、多楽、勇留、秋勇留の各島）、つまり、「北方4島」というのは、3島と1群島を指しているのです。

オーストラリアが世界の中心？

　日本で見慣れた地図を見ると、イギリスなどはまるで「極西」の島国なのですが、far west とは英語でもあまり言わないようです。何しろ西経でも東経でも0度線はイギリスのグリニッジ天文台が基点なのですから「極」ではなく、ここが始まりなのでしょう。

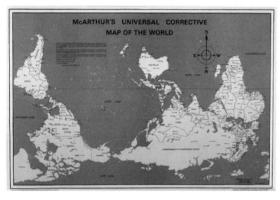

オーストラリアで発行されている地図

　スペインの国旗は赤白赤の横帯型で、中央に国章が付いています。そしてその国章には PLVS VLTRA（さらに向うへ）と書いてあります。新大陸発見以前は「NON PLUS ULTRA（この先はない）」だったのです。まさに「極西」という感覚だったのでしょう。

　視点が違えばものの感じ方が違う典型を求めると、オーストラリアで発行されている上の地図です。最近は、主要な空港の売店でも売っていますので、よく知られるようになりました。わたしは40年ほど前、まだご尊父が総理になる前に、秘書だった中曽根弘文現・参院議員からキャンベラ土産としていただき、強烈な印象を持ったものでした。

富山県でも「逆さま」の地図が

　富山県でも日本周辺の地図を逆さまにして売り出して、これまた好評のようです。「逆転の発想」か「発想の転換」か、この地図では日本の形と置かれている地政学的な位置がとても分かりやすいのです。つまり、日本海を日本列島が弓なりにぐるっと取り巻くように、島々が配置されているのが、日本という国の地政学的特徴だということがよく分かります。

　筆者は、ユーラシア21研究所理事長として、ロシア科学アカデミー極東支部との共催でシンポジウムを何度も開催しました。ですから、ウラジオストクには10回以上でしょうか、出かけています。そのときはいつもこの地図を持っていくのですが、1860年に「東方を征服せよ」(ウラジ・ヴォストーク)と命名されたこの港湾都市と、シベリア鉄道の基点であり、「太平洋」(チホオケアンスカヤ)という駅名を持つウラジオストク港の岸壁に立つと、目の前に日本が大きく立ちはだかっているのがよく分かります。

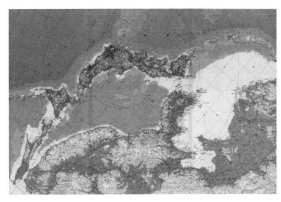

富山県が発行している南北逆さまの地図

　例えば、ロシア太平洋艦隊の母港であるウラジオストクから太平洋に出るには、いわゆる「3海峡」、すなわち、宗谷、津軽、関門(かんもん)海峡のどれかを通過しなくてはなりません。同じく、東シナ海に出るには対馬を挟んで九州側の対馬東水道(対馬海峡)か、釜山(プサン)側の西水道(朝鮮海峡)を通らなくてはなりません。

国際法は、例えば、国連海洋法条約第 20 条により、潜水艦などの水中航行機器が、沿岸国の領海を航行する場合、海面に浮上し、所属国を示す旗（国旗や軍艦旗）を掲揚すれば無害通航権を行使できるとしています。これらの地理的・戦略的要衝には、自衛隊や米軍の観測設備や防衛拠点が設置され、日夜、全ての船舶の通航をチェックしているのです。

　2004 年 11 月 10 日沖縄県宮古島と石垣島の中間付近で、中国の漢級原子力潜水艦領海侵犯事件が発生し、航空自衛隊の哨戒機 P-3C（那覇航空基地所属）と護衛艦「くらま」と「ゆうだち」が追尾するという事件がありました。筆者はその直後に北京で橋本龍太郎（りゅうたろう）元首相に随行し、北京の人民大会堂で国家副主席や国防大臣と会談する機会がありました。その場で、同元首相にご本人は何も言わず「一行を代表して一言いうように」と指示があり、直接、その非なることを伝え、抗議しました。退出後、待ち受けた記者団に元首相が「われわれは厳重に抗議した」と語気強く答えていた脇を、聞こえないふりをして通り過ぎました。

　近年、航空機の発達とともに国際社会では領空内での排他的主権が認められ、事前に飛行ルートを通告するよう求める国が増えました。現代では通過する領域国へ飛行計画を事前に提出することが求められます。飛行計画を提出していない場合、防空識別圏へ入った時点で領空侵犯の予兆とみなされ、各国の空軍や空自がスクランブルで対処しています。

　2016 年度は空自のスクランブルが過去最多の年で、前年度比 295 回増の 1,168 回でした。これは冷戦時代の 1958 年に緊急発進を開始して以来、最も多かった 59 年度の 944 回を大きく上回り、過去最多でした。内訳は、中国機に対する発進が 851 回（同 280 回増）で同様に過去最多を更新し、全体の回数を押し上げました。ロシアが 301 回（同 14 回増）、台湾が 8 回（同 2 回増）でした。領空侵犯はありません。

　北朝鮮機に対しての緊急発進は 2003 年度に 9 回を記録してからは行われたことがなく、16 年度も 0 回でした。「北朝鮮空軍は力を誇示する

より、機体の維持・管理、航空燃料の不足、熟練搭乗員の育成が不十分といった問題がある」とは、空自元最高幹部の弁です。

コラム　５海峡の領海を３カイリにとどめている日本

　日本は国際的には特殊な海峡管理をしています。それは「核兵器に関する３原則」、即ち、「持たず、作らず、持ち込ませず」を掲げている以上、宗谷海峡、津軽海峡、対馬東水道、対馬西水道及び大隅海峡（鹿児島県佐多岬と種子島の間）の５つの海峡について、領海の幅が通常の12カイリでなく３カイリにとどめ、外国船の無害通航を認めていることです。

　1977年の領海法で、この５つの海峡を特定海域として、核兵器を積載した外国艦船でも、日本の領海を侵犯することなく通航できるようにしました。これによって、同盟国アメリカの海軍の軍船が核兵器積載のままこの重要な海峡を自由に通行することが可能になっているのです。

防衛上昔も今も重要な日本海

　古くから日本の脅威は大陸からのものでした。「白村江の戦い」(663)の後や「文永・弘安の役（蒙古襲来、16世紀末）、バルチック艦隊の来襲（1905）など、日本海は脅威を直接運んでくる海でした。逆に、伝説的な神功皇后の「三韓征伐」（３世紀）、「白村江の戦い」、秀吉による「文禄・慶長の役」（16世紀）、江華島事件（1875）、日清戦争（1894～95）、日露戦争（1904～05）、日韓併合（1910）など、日本海はしばしば大陸諸国に脅威を与え、侵攻した時代でもありました。

　しかし、なんといっても日本海は古くから日本の防衛に欠かせませんでした。そのことは今もなお、むしろ、昔に増して今こそ、この海は日本にとって国土防衛の最大の「防備」であり、専守防衛を国是としている日本最強の「武器」であり、「頼り」です。

　2019年、海上自衛隊が２隻保有する「いずも型」（全長248m）のヘ

第１章　世界の中の日本　33

リ搭載護衛艦がついに「化けの皮？」をはがし、最新鋭ステルス型戦闘機 F-35B の発着艦ができるように改修することになりました。つまり、空母化するわけです。

　2018 年 12 月 13 日付毎日新聞は＜ F-35、105 機追加購入へ　42 機は「空母」向け B 型＞との見出しで、「政府は航空自衛隊の主力戦闘機 F-15 の非近代化機の後継に決めた米国製ステルス戦闘機 F-35 を 105 機購入する方針を固めた。うち 42 機は新たに導入する短距離離陸・垂直着陸型 F-35B とする。F-35 は既に購入を決めている 42 機と合わせて計 147 機体制となる。F-35 は 1 機あたり、A は約 100 億円、B はさらに高額で約 150 億円とされており、計 105 機の購入で総額 1 兆 2,600 億円以上となる見込みだ」と報じています。F-35B の「空母」への搭載は 8 機までとし、常時搭載とはしないことから「攻撃型空母」には該当しないとの見解を示しています。これを、「多用途運用護衛艦」と名付けたことは、国民に正しい事実を伝えずに、批判をかわそうという意図が見え見えではないでしょうか。

　このニュース、山口と秋田県に設置を予定しているイージスアショア（陸上におけるイージス基地）とともに、日本の安全保障能力を大きく変えるに違いない重要性を帯びていると思います。離島とそれをとりまく EEZ の防衛に空母は有効であると政府は主張していますが、日本の離島というのは、そのほとんどが沖縄から延びる南西諸島、伊豆諸島やさらに南に延びる小笠原諸島（火山列島）であり、その防衛のために空母はどのように運用されるのでしょうか。確かに、自衛隊の飛行場は南西諸島では那覇、太平洋では硫黄島と南鳥島に限られています。また、この地域に最近では中国の海洋進出が頻繁に行われつつあります。

　それでいながら、当面の現実的な脅威は、日本海の向こうの「3 つの核保有国」、北朝鮮、中国、ロシアからではないでしょうか。さらに言うなら、空母の最大の役割は「敵基地攻撃能力」ということではないの

でしょうか。

　筆者の所属するいくつかの学会や研究会では昨今、こうした議論が頻繁になされています。そうした中、2018 年 12 月 20 日午後 3 時ごろ、海上自衛隊厚木基地（神奈川県）所属の P-1 哨戒機が、石川県・能登半島沖の日本の EEZ 内の上空で、韓国海軍の駆逐艦から火器管制レーダー（FC レーダー）の照射を受けたと発表しました。このレーダーは、艦艇や航空機がミサイルなどを発射する際、標的の方向や距離を測定するために電波を放射する装置であり、武器使用に準ずる行為とされています。韓国はこれを否定しますが、日本政府は映像の公開に踏み切りました。

　また、これより先、2013 年には東シナ海で中国の海軍艦艇が陸自の護衛艦などに照射し、政府は中国に厳重に抗議したことがあります。

　翌日付の毎日新聞は、「あとは引き金を引くだけ」との見出しを掲げ、「韓国軍からのレーダー照射が公表されたのは初めて。日韓関係の悪化が懸念される」「日本政府は、韓国軍の艦船が、海上自衛隊の哨戒機に対して火器管制レーダーを照射したことに強い衝撃を受けている。軍事行動とも捉えられる事態だからだ」と報じています。日本政府はいわゆる「慰安婦問題」や、元徴用工を巡る問題に強く反発しながらも、日韓関係維持に腐心してきましたが、「今後の日韓関係のさらなる冷却化は避けられない」と同紙は締めくくっています。今回は搭乗員が無線で「意図を問い合わせたが、駆逐艦からの応答はなかった」と読売新聞は事件の翌々日、22 日付の朝刊で報じています。

　また、同日付の産経新聞はこのレーダーは「ミサイルや火砲を発射する際、目標の距離や針路、速力、高度などを正確に捕捉し自動追尾するロックオンに用いる。発射ボタンを押せば攻撃可能な状態だ」と報じ、防衛省幹部は「米軍なら敵対行為とみなし即座に撃沈させてもおかしくない」と語っていると書いています。

第 1 章　世界の中の日本　35

北前船で結ばれた大坂と日本海岸

　江戸時代から始まった北前船は、大坂と日本海岸の主要な港、さらには蝦夷地から樺太や今でいう北方領土までを行き来していた商業用帆船でした。18世紀の中ころには「一千石の弁才船」と呼ばれ、通常は全長29m、幅7.5m、「24反帆」を掲げ、15人乗りで、積載重量は約150㌧というものでした。大坂からは米や反物、日用品などを運び、帰路は、昆布や新巻サケ、ニシン（主として肥やしの原料）を積んで戻りました。

　今でも京都にニシンそばという定番メニューがあるのは、まさに北前船の名残です。また、大坂には小倉屋、長池、土居、奥井海生堂といった幕末や明治初期から続く昆布の老舗がありますが、1781年創業の「神宗」は中でも古い伝統の店かと思います。神嵜屋宗兵衛が大坂・靫（現・大阪市西区）に海産物問屋（三町問屋）を構えたことから始まったといいます。いずれも北前船で北海道から運んだコンブを、よりおいしく加工したものです。

　もちろん、往時の大坂は米、反物、紙、木材といった衣食住の基本をなすものの日本最大の集積地として、「日本の台所」と呼ばれるほど栄えていたのです。

　北方4島のことは、司馬遼太郎の『菜の花の沖』（文春文庫）に詳しく書かれています。1993年、第1回目の「ビザなし訪問」で、色丹・国後・択捉の3島を訪問して以来、何度も北方領土に行く機会がありました。甲板や船橋で景色に照らして、この本読むと、司馬という人の取材力に感心してしまいます。その20年前、筆者は国際赤十字の駐在代表として南ベトナムにおり、各地を巡回していました。来越された司馬が「地方の状況を聞きたい」というので何度かお目にかかり、食事を共にしました。その昔、司馬が産経新聞の記者をされていたとき、きっとこんな感じでいらしたのかと思うくらい、熱心に話を聞いてメモし、『人

間の集団について』(中公文庫) という作品を書き上げられました。北方領土には行っておられないのに、きっと、そんな熱心さで、旧島民の話を取材したりして、嘉兵衛の通ったところを記述されたのだと思います。

閑話休題。北前船は、①大坂で米のほか、反物やたばこ、医薬品、雑貨などを積み、関門海峡を抜けて蝦夷地(北海道)まで行くものと、②大坂から淀川を遡り、琵琶湖を経て敦賀湾や福井の外港・三国(東尋坊)あたりまでは陸送し、日本海を北上して蝦夷地まで行く、という2通りのコースがあったようです。越前からは能登、富山、佐渡、酒田(庄内)、土崎(秋田)、箱館と進み、一方は、津軽海峡から太平洋に出、今の北方領土まで、他方は日本海を樺太まで北上していました。

筆者の母方の実家は秋田市の外港・土崎港(湊)の三國屋という、20代ほど続く呉服屋(代々三國屋四郎右衛門と名乗った)ですが、母校の同窓会名簿でも、断然多数である加賀谷を筆頭に、佐渡屋、越前谷、越中谷、越後谷、能登谷、京屋(京野)、丹後屋、丹波屋、播磨屋……北前船でやって来て定住した子孫と思われる姓の方々が大勢います。そういえば、2019年の箱根駅伝で優勝した東海大学の主将は湊谷春紀、大仙市で生まれ、秋田工高出身ということですが、先祖は北前船で土崎に来、雄物川を遡って今の大仙市に定住したのかなと勝手に想像し、秋田出身の筆者としては何ともうれしい正月でした。

また、富山県の新湊市には、味噌、醤油、塩といったレアな姓の方々がおられます。これは、北前船で主として取り扱っていた商品を屋号にし、姓にしたということなのです。

ところで、高田屋嘉兵衛(1769～1827)は淡路島の出身ですが、幕府が禁じていた1,500石の船を土崎で密かに建造し、嘉兵衛に引き渡すこともし、また、戊辰戦争にあっては、いち早く奥羽越三十二列藩同盟から離脱しました。その結果、周囲の諸藩に秋田の城下近くまで攻め込まれましたが、薩摩と肥前が船で救援に駆け付け、また、攻め込ん

で来た側も「諸藩の本城」が陥落するなどもあり、秋田は官軍に付きながら敗北ということにはならずに危機を乗り越えました。

この「貢献」が評価され、維新後、佐竹家は東北地方で唯一、侯爵に叙せられ、攻め込んだ南部藩から金銀銅を産する、小坂や尾去沢の鉱山のある鹿角郡の割譲を受けました。また、秋田市周辺では石油を産出したので、1910年に鉱山専門学校（秋田鉱専）が創設され、後に秋田大学鉱山学部、同資源情報学部となり、現在の国際資源学部に至っています。

筆者は故郷のことになると、どうにも、筆が進みすぎるようです。

文化交流の役割も担った北前船と街道筋

北海道の日本海側を北上する北前船は、商港として栄え、レンガ街が今に残り一大観光資源となっている小樽、ニシンの水揚げ港として栄えた留萌、さらには樺太にまでの往来がありました。

ぜんざいの発祥地が出雲だったことはご存知ですか？ 大社参りをされた方は、出雲でそばかぜんざいを召し上がるようです。このぜんざいについては、江戸初期の『祇園物語』（清水寺の修行僧）、『梅村載筆』（林羅山）、『雲陽誌』（黒澤長尚）で、出雲が発祥地であり、「神在餅」に起因するものだそうです。ぜんざいで「使用される砂糖、アズキ、塩は船で運ばれていたし、出雲は寄港地ですから、北前船で伝わったことは十分考えられます」（出雲ぜんざい学会）。同じように追分節は「馬方三下がり」と呼ばれ、軽井沢の「信濃追分」から「越後追分」、「酒田追分（庄内）」、「本荘追分（秋田）」、「江差追分」（松前）と伝わった、元気の出る民謡であり、「江戸子守唄」は「参勤交代で日本中に広まった」（日本子守唄協会西舘好子会長）のだそうです。

このほか、雛人形、五月人形なども日本海沿岸には関西風のものがいろいろ伝わっています。なにより、秋田市のいわば外港である土崎の言

葉と北関東から佐竹家の転封に従ってきた城下町の旧秋田市とでは言葉が大きく異なり、我が家の場合、母と父の言語が違うことに子ども心にも不思議に思ったものでした。例えば、「〜してください」が「してたんへ（土崎）」、「してけれ（旧秋田）」という具合なのです。「たんへ」は「給え」からきた言葉かと思います。

　明治になって、鉄道の発達により北前船は縮小されましたが、日露戦争では、日本海を航行中の弁才船「八幡丸」がロシアの軍艦に拿捕・撃沈されたように、明治後期になっても、日本海は物流にとって大きな役割を果たしていたのです。

３年間の禁漁でハタハタ資源を回復

　留萌付近の海岸で、「かつては海が見えないほどニシンが寄って来たものだ」と土地の古老に聞いたことがあります。

　同じような話を筆者は秋田県の男鹿半島北浦出身という、中学時代の教師から聞いたことがあります。「ハダハダは冬の初めに雷なったときから押し寄せて来るもんな。神様が秋田のために下さる魚なんだべな。んだがらハダハダは鰰と書くし、鰰ども書くんだ」。

　ハタハタは筆者の故郷・秋田の人たちにとっては冬の貴重な蛋白源であり、魚卵は年越しや新年の儀礼をはじめ秋田の食文化と密接なつながりを持っていました。父は「佐竹さん（秋田藩主）が常陸から秋田さ左遷され、美人だけを随行させ（「だから今も茨城県に美人は少ない」などと、秋田の酔っぱらいが奥さん自慢で言う常套句は発しませんでした）、ハダハダも津軽海峡を通って秋田さ移って来たんだ」とまるで、見ていたようなことを言っていました。ハタハタは山陰地方でも少し漁獲できるようです。

　秋田県でハタハタがふんだんに採れた 1963 〜 75 年は、13 年間連続して漁獲量は１万㌧以上あり、男鹿地方の総漁獲量の約半分を占める最

第１章　世界の中の日本　39

重要魚種でした。しかし、採り過ぎがたたりました。漁獲量は急減し、83 年以降は最盛時の 50 分の 1 、わずか 200㌧前後となり、91 年には70㌧と枯渇寸前、過去最低を記録してしまいました。この緊急事態に対応して、漁業者と県は 92 年 9 月から 3 年間の全面禁漁を実施、解禁後も厳しい管理を行い、2008 年には 2,938㌧まで回復させましたが、2018 年には再び 597㌧まで落ちこんでしまっています。

　日本海側ではこのほか富山湾のホタルイカや寒ブリ、山陰の松葉カニ（成長したズワイガニの雄で、しかも山陰地方で採れたカニ、福井での越前カニと同じ）、北海道利尻・礼文島周辺のコンブやエゾバフンウニ、東京湾のアサリなど、地域特定型の海産物が知られています。鳥取県はカニの出荷量が日本一、地元選出の石破茂衆院議員をはじめ、県を挙げて「蟹取県」と"改名"し、PR に努めています。

　日本各地でその港特有の魚介類が採れるというのは、この国で各地を訪ねる楽しさの 1 つです。そんな中に、今年もまたマグロの初競りのニュースが飛び込んできました。2019 年 1 月 5 日、豊洲市場（江東区）で、青森県大間産のクロマグロ（278 キロ）が 1 本 3 億 3,360 万円で競り落とされたというのです。記録がある 1999 年以降、史上最高値なのだそうですが、宣伝のためのバカ騒ぎのような気がしてなりません。

　ちなみに、大間町は下北半島西北端にあり、大間崎には本州最北端の碑が建っています。国際海峡である津軽海峡に面し、本州にありながら、北海道の南端よりも北に位置しています。対岸の北海道汐首岬(函館市)までは約 17km、大間崎は太平洋からの日の出と日本海への日没を見ることができるということで、観光スポットにもなっています。

コラム 「特3」13 漁港が支える日本人の胃袋

　日本近海で暖流と寒流が交じり合うので、日本は水産大国として、長い間、世界一の漁獲量を誇っていました。しかし、漁獲量は最盛時の 1984 年

に 1,282 万トンだったものが、2017 年には 430 万トンと 3 分の 1 まで減ってしまいました。最大の原因は「採りすぎ」と近隣諸国の漁船による乱獲。日本の水産業は今や「右下がり」、資源の管理と養殖での生産性の向上などが急務とされています。漁業従事者も 1980 年の 38 万人から 15 万人と、半分以下になりました。しかも、高齢化と後継者難という課題が深刻なのです。

日本では 2018 年末に、70 年ぶりに漁業法を改正、サンマ、スルメイカ、サバ、マアジなど 8 種類の魚種について漁業者ごとに年間を通じての漁獲量が決められるようになりました。専門家の多くは、この程度ではまだまだ将来への危惧が消えないと心配しています。

水産庁によると、2017 年現在、日本には、2,860 もの漁港があり、漁港にもいろいろランクがあって、特定第 3 種漁港（特 3）が基幹漁港とされ、全国的に利用者がいます。しかも、水揚げ量が多く重要だとして以下の 13 漁港が指定されています（順不同）。なぜか、北海道には 1 つもなく、宮城県には 3 つもあります。

①イカ、キチジ、ヒラメ、タラなどの八戸漁港（青森県）。②カツオ、ヒレが美味とされるサメ、サンマ、カジキなどがメインの気仙沼漁港（宮城県）。③水揚げ岸壁の長さ（1,200m）と魚市場の上屋根の長さ（652m）が日本一で、水揚げ量、水揚げ高ともに日本有数の大漁港石巻漁港（宮城県）。④生マグロの水揚げ、かまぼこなど魚肉練り製品の生産が日本一という塩釜漁港（宮城県）。1 km^2 あたりの寿司屋店舗数、人口あたりの寿司屋店舗数も日本一多いのです。ちなみに、やや主観的だが、山梨県甲府市もおそらくそれに次ぐくらい寿司屋が多いのです。アワビを煮た「煮貝」が甲州名物であるのは武田信玄が今川家の駿河を領有しようという野望を持っていたことを連想させられます。⑤8 年連続全国水揚げ量日本一を誇り、その 46％がサバという銚子漁港（千葉県）、銚子電鉄が経営難から始めた「鯖威張る弁当」が大人気といいます。⑥カジキ、キンメダイに加え、「マグロのメンタマ」料理などの店が並び、東京から気軽に訪れられる日帰り観光地としても人気が

第 1 章　世界の中の日本　41

あるのが三崎漁港（神奈川県）。親しくさせていただいた、世界的ピアニストの中村紘子さんが「マグロのメンタマ大好き」という人で、よくお誘いの声がかかりましたが、気の弱い筆者は、一度で結構でした。⑦カツオ、マグロ、サバ、コノシロなどの魚種で知られる焼津漁港（静岡県）は、1954年3月1日に、ビキニ環礁での米軍による水爆実験の放射線被害を受けた第五福竜丸の母港でもありました。⑧ベニズワイガニの漁獲水揚げ量は全国の60％を占め、アジ類のほか、生クロマグロ（2005 〜 16 年陸揚げ量全国第1位）、イカ、サバ、カレイなどの漁獲で知られる境港漁港（鳥取県）はウラジオストクから北朝鮮の清津経由、3点間で定期船が出ることがあります。⑨浜田漁港（島根県）は、カレイ、アナゴ、サワラ、アジ類の水揚げが多いのですが、上着の内側に手を差し込んで行う「懐競り」という独特の競りを行うことで知られています。⑩下関漁港の閘門は水産庁が発表した「未来に残したい漁業漁村の歴史文化財産百選」に選定され、世界一小さなパナマ運河式閘門がギネス世界記録に認定されています。特産のフグはもちろんのこと、アンコウ、エイ、エソ、ハギ類、ムツ、サザエで過去 10 年間に陸揚げ量全国1位になったことがあります。⑪博多漁港（福岡県）はサワラで全国1位になったことがありますが、組合員 22 人しかいないこの漁港がなぜ、特定第3種漁港に指定されているのか、明快な回答を得ることができませんでした。⑫長崎漁港はハモやアジ類、サワラ、ヒラメなどの水揚げで知られていますが、かつては東シナ海での底引き漁業で盛況を極めていたところです。近年、それが難しくなり、水揚げ量の減少が明らかです。⑬枕崎漁港（鹿児島県）はアジ類の巻き網漁法とカツオの1本吊りで知られています。ほかにもサバ、マグロ、イワシがよく採れるところです。

「北」からの不審船によるトラブル

1980 年代には佐渡や富山県、能登半島などから北朝鮮に拉致された民間人が多々ありました。横田めぐみさんをはじめその方たち全員の一

日も早い帰還を切望します。

　また、1999 年 3 月 23 日に発生し、自衛隊初の海上警備行動発令した、能登半島沖不審船事件では不審船は「北」に逃走しましたが、2001 年 12 月 21 日に発生した九州南西海域工作船事件では、海上保安庁巡視船と交戦中に、工作船は爆破して自沈し、少なくとも 3 人が死亡しました。

　日本海ではこれまで北朝鮮と、大小何度も船舶のトラブルがありました。2017 年から 19 年にかけては漂流漁船がたびたび秋田、新潟両県や北海道などに流れ着きました。中には生存者もいて、北海道の空き家に入り込み食料を持ち帰ったというケースもありましたが、漁獲に従事していたと思われるほとんどの船員は死亡したのではないでしょうか。

　19 年 1 月 8 日、隠岐の島（島根県）に北朝鮮の漁船が流れ着き、4 人の乗組員が島民に助けを求めたと報じています。杖を突いて歩くだけが精いっぱいの疲れ切った様子を見た 83 歳の女性が自宅裏の作業場で水とおにぎりを 2 個ずつ渡しました。助けた女性は「最初の男は上役と思われる男に 1 個渡し、その後他の 3 人が貪るように食べ尽くしました。助けなければという一心で、怖くはなかったです」と TV カメラの前で話していました。

　ハングル文字の付いた救命胴衣を身に着けた遺体が漂着したことも何度もあります。経済制裁を受けている「北」が動物性蛋白質の確保に、「漁獲量の拡大に努め、無理な操業が続いているから」と専門家はみているようです。

　今一つ問題なのは、北朝鮮が ICBM（大陸間弾道ミサイル）や核兵器の開発をしていることから、国際社会が経済制裁を課していることに対し、北朝鮮が公海上などで石油製品を密輸する「瀬取り」によって、軍やその他が必要としている燃料などの確保にあたっていることです。2018 年 9 月の国連安保理で米政府は 1 〜 8 月に 148 回の「瀬取り」が

行われたと公表しました。2018年12月30日付読売新聞によれば、「瀬取りで北朝鮮が得た石油製品の総量は80万バレルに上り、昨年12月の国連による追加制裁で定めた上限の年間50万バレルを大幅に上回る」とのことです。

　その記事は続けて「最近は発見を免れるため、米軍や自衛隊の監視が困難な中国やロシアの領海内に逃げ込む北朝鮮関連船舶が増えている」とし、「オーストラリア軍とも協力し、監視体制強化を急いでいる」としています。ロシア・沿海州沿岸の日本海、中国・山東半島と遼東半島（黄河の河口）付近、中国・上海沖（揚子江河口付近）などでの「瀬取り」が増えているようです。

　加えて、2019年1月30日付読売新聞は、対北朝鮮制裁決議に反して、「北」が漁業権を中国の漁業者に売却していることが明らかになったと報道しています。そしてこれが、「北」にとっても重要な外貨獲得手段にもなっているというのです。国連安保理の北朝鮮制裁委員会の専門家パネルの調査結果によるものだそうです。「制裁逃れ」を隠すために、北朝鮮の国旗を掲げて操業している中国船もあるそうです。「漁業免許は月額5万元（約81万円）」という証言もあるようです。国連による制裁決議を厳格に履行することが望まれます。

戊辰戦争では海戦も

　日本人同士が海戦を行ったというのは戊辰戦争のときにも小さな海戦は何度かありましたが、記憶すべきは、開陽丸を座礁・沈没させ「江差（松前）沖の戦い」と、旧幕府軍側が特殊な戦法を用いた「宮古湾の戦い」です。

　蝦夷・松前城を奪取した旧幕府軍は、江差へ進軍を開始、これを援護するため最新鋭艦・開陽丸も1868年11月11日に箱館から江差沖へ向かいました。しかし、14日、江差沖に到着したところ、松前兵はす

でに撤退していたため、榎本武揚らは最少限の乗組員を開陽丸に置いて、上陸し、江差を無血占領したのです。

　そこまではよかったものの、翌15日夜、天候が急変し、開陽丸は、土地特有の風浪に流されて座礁。数日後、榎本武揚や土方歳三らが見守る中、沈没してしまったのです。

　翌69年5月6日、三陸沿岸の宮古湾に停泊していた新政府軍の主力戦艦「甲鉄」を奪って海軍力のバランスを取り戻そうと、旧幕府軍が、敵艦に乗り込んで乗っ取るアボルダージュ戦法を仕掛けたのですが船高差が大きく、これもまた失敗しました。

阿波丸は米軍に、樺太からの3船はソ連に撃沈

　悲惨なケースがいくつかあります。津軽海峡で沈んだ洞爺丸事件、瀬戸内海で転覆した紫雲丸事件については項を改めますが、シンガポールから、赤十字の旗と目印をつけ、あらかじめ通報して了解を取り、航路を時間通り航海していたにもかかわらず、米潜水艦に撃沈された阿波丸事件（1945年4月1日）、沖縄から内地（本土）へ疎開する児童・生徒を乗せた対馬丸（1944年8月22日）がこれまた米海軍の潜水艦の魚雷攻撃により、乗客・乗員合わせて1,484名の犠牲者を出しました。さらに、戦後、樺太から引き揚げる日本人を載せた小笠原丸など3隻の殉難は特記する必要がありましょう。

　「玉音放送」から5日後、1945年8月20日、樺太からの民間人引き揚げ船である逓信省の海底ケーブル敷設船・小笠原丸が約1,500人を乗せて樺太の大泊（現・コルサコフ）から稚内に到着しました。しかし、列車の混雑などを理由に約600名の乗客と約100名の船員・軍人は下船せずに、さらに小樽に向ったのです。ところが22日夜明けごろ、北海道北西部・増毛町沖でソ連潜水艦「L-12」「L-19」の雷撃・砲撃を受け「小笠原丸」と「泰東丸」の2隻が沈没、「第2号新興丸」が大破し、

第1章　世界の中の日本　　45

計1,700人以上が死亡しました。

「3船殉難事件」と呼ばれている悲劇であり、重大な国際法違反です。

日本が救った外国船や乗組員

海難事故というと、1912年4月14日、処女航海4日目という当時世界最大の客船であった英国船タイタニック号が、氷山に衝突して沈没、1,517人が死亡するという悲劇があまりに有名ですが、四囲が海というわが国周辺では、古代から、さまざなな海難事故がありました。

阿倍仲麻呂

阿倍仲麻呂(698〜770)は遣唐留学生として大陸に渡り、後に高官に登りました。帰国を許されて試みたのですが果たせず、安南(今のベトナム中部)に流されました。後世「詩仙」と称えられた盛唐最高の詩人・李白(701〜762)は仲麻呂が落命したという噂を伝え聞き、「明月不帰沈碧海」の七言絶句「哭晁卿衡」を詠んで悼んだのでした。

　　　天の原ふりさけ見れば春日なる　三笠の山に出でし月かも

と望郷の念を詠んだのはあまりに有名ですが、753年、帰国する仲麻呂の送別宴において、典雅な詩風から後に「詩仙」と称されている王維(699〜759)ら友人の前で、仲麻呂は日本語でうたったと伝わっています。

種子島への漂流民から鉄砲が伝来

　筆者が小中学生だったころは、1543 年 9 月 23 日が、大隅国（現・鹿児島県）種子島にポルトガルの漂流民が初めて火縄銃をもたらした日だと教科書にもありました。これは『鐵炮記』という、江戸時代のごく初め、1606 年に、種子島久時が薩摩国・大竜寺の臨済僧・南浦文之（文之玄昌）に編纂させた、鉄砲伝来に関する書物です。

　実は、この本がこの教科書の種本だったのです。それによると、漂着した船には 100 人余りが乗っていましたが、言葉が通じませんでした。そこで、乗り合わせた明の儒者・五峯と筆談して事情を知り、領主・種子島時堯（久時の父・1528 〜 79）と五峯との面談の場を作り、法華僧・住乗院に命じて五峯と筆談させたのです。その結果、この船に「牟良叔舎」「喜利志多佗孟太」の 2 人がおり、火縄銃を所持していることが分かりました。そこで、時堯は 2 人が実演した火縄銃 2 丁を買い求め、島の鍛冶屋や家臣に製造と火薬の調合を学ばせ、自らも習得したのです。また、その際、ポルトガル人から最も熱心に技術を習得したのが鍛冶屋の矢板金兵衛清定でした。伝承によると、清定の娘はポルトガル人に嫁いで金兵衛の鉄砲国産化に寄与したということです。

　誰も見たことがなかった銃器の噂はたちまちにして広まり、各地から刀鍛冶が来たり、紀伊・根来寺の僧・杉坊明算が製法を真似して生産を始めましたが、堺の橘屋又三郎が一両年、種子島に滞在して、清定から製法技術を学び、堺に戻って大掛りに鉄砲製造と販売に従事しました。このため又三郎は「鉄砲又」と呼ばれ、堺の鉄砲業者の中心となり、堺を全国有数の鉄砲産地としたのでした。

　当時の状況を考えると、明国を通じても鉄砲の情報は入ってきたようで、わずか 10 年余りで、日本各地で戦の帰趨を決するほどの、戦術の革命的変化が起こり、「種子島」と呼ばれたこの火縄銃は急速に普及していったのでした。

第 1 章　世界の中の日本　47

漂流船員からの技術移転

　1600年10月21日の関ヶ原の戦いの半年前の4月、オランダの商船リーフデ号が豊後(今の大分県)の臼杵に漂着しました。乗組員100人、3本マスト、18砲門、300㌧という船でしたが、生存者はわずか24名でした。

　イエズス会の宣教師たちは即刻処刑すべしと要求したのですが、徳川家康(1543～1616)は、航海長であり、貿易商人でもあるイギリス人のウィリアム・アダムス(1564～1620)と航海士であるオランダ人のヤン・ヨーステン・ファン・ローデンステイン(1556？～1623)を江戸に向かわせました。アダムスは後に三浦按針と名乗って、日本人女性と結婚、家康の外交顧問として活躍しました。また、造船大工の技術もあり、家康は伊東で120㌧の、当時としては大型の船を造らせました。

　長崎県平戸市では、毎年5月下旬には墓前で「按針忌」を開き、神奈川県横須賀市では、毎年4月8日、塚山公園で「三浦按針祭観桜会」、静岡県伊東市でも、毎年夏には「按針祭」を開催しています。他方、按針の出生地である、「英国の庭」と呼ばれている、イングランド南東部ケント州のメドウェイでは、毎年9月中旬に「Will Adams Festival」が開催されているそうです。

ウィリアム・アダムス(左)
ヤン・ヨーステン・ファン・ローデンステイン(右)(東京・八重洲通りの記念碑)

ヤン・ヨーステンも、日本女性と結婚し、日本名「耶楊子」を名乗り、現在の東京・八重洲付近に住みました。東京駅東側の「八重洲」は彼の名に由来するものです。やがて、東南アジア方面での朱印船貿易を行い、バタビアから日本に戻ろうとした途中、乗船がインドシナ半島付近で座礁し、溺死したと伝わっています。

ソ連の政治犯遭難者を救った猿払村民たち

　「日本最北端の碑」と自称している稚内市の碑から、オホーツク海を左に見ながら車で30分ほど走ったところに猿払村があります。1939年12月12日の未明、その沖で、インディギルカ号（4,500㌧）という、ソ連の貨客船が、悪天候の中で座礁し、沈没しました。

　オホーツク海北部の港町・マガダンから沿海州のウラジオストクに航海中の出来事でした。猿払村の住民たちは総出で救助にあたり、子どもも含め429名を救出したのですが、700名以上が死亡したと推測されています。当時、船長や乗客の説明では、「乗客は漁期を終えた漁業者であり、カムチャッカ半島から帰国途中に遭難した」というもので、個々の乗客の素性や目的等は明らかにされませんでした。乗客の扱いにも不審な部分が多く、ソ連政府は日本政府に対して、船体の所有権を放棄したばかりか、遺体の収容は不要、遺品の返還も無用という、不審な連絡をしてきました。救助された乗組員らは、早々に小樽港からウラジオストクへ向け離日し、その後の様子は分かりません。

　猿払村は、その後、慰霊碑を建立するなど、手厚く遭難者の慰霊を行ってきました。筆者が初めて猿払村を訪れたのは1988年。郷土史の研究家たちは、「乗客の多くが政治犯などとしてマガダン方面の強制収容所にいた人たちで、ソ連は乗客の詳細や事故直前の船内の様子などを曖昧にしたのではないか」と話していました。ソ連崩壊後の91年、原暉之北大教授は旧ソ連の公文書をひもとき、それを論証する『インディギル

インディギルカ号

インディギルカ号殉難者追悼碑（猿払村）

インディギルカ号殉難者と検視する日本の医師と軍や警察関係者など
（猿払村にあった日ソ友好記念館提供）

カ号の悲劇　1930年代のロシア極東』（筑摩書房）を上梓され、「乗客は鉱山で強制労働させられていた政治犯など」と述べています。

　1972年に小さな「インディギルカ号殉難者追悼碑」と「日ソ友好記念館」が猿払村に建設されましたが、老朽化と訪問者の少なさに30年ほどで、閉鎖・解体されました。近くの道の駅に関連した資料が展示されているということです。

　ちなみに、北海道ではこれより前、1877年11月19日、奥尻島に面した瀬棚海岸沖で、露艦「アレウト」が暴風で座礁。60人の乗組員全員が地元住民により救助されました。しかし、翌78年4月20日、引き取りに来た軍艦「エルマック」へ小船で向かう際、高波により転覆、12人が犠牲になってしまうという事故がありました。

沖縄県・宮古島でも救援活動

　江戸時代後期の 1797 年 5 月、英海軍の探検船プロヴィデンス号が沖縄の宮古島沖で座礁・沈没し、脱出した 110 人余の乗組員は、宮古島の人たちに手厚く迎えられました。艦長ウィリアム・R・ブロートンは、後に『航海記』を出版し、この事実を記録し、感謝の念が記され、英国で評判になりました。この事故から 200 年を経た 1997 年沖縄県平良市と伊良部町の共催で「プロヴィデンス号来航 200 年祭」が行われ、デイヴィッド・ライト駐日英国大使が出席しました。

　同じ宮古島周辺で、1873 年 7 月、独商船エル・イ・ロベルトソン号が台風のため座礁しました。住民たちは、荒波の中へ小船で駆けつけて救助にあたり、船長以下乗組員は約 1 カ月後にドイツに帰国しました。3 年後、この話を知った皇帝ヴィルヘルム 1 世は、軍艦ティクローブ号を派遣し、宮古島市平良港付近にドイツ皇帝の碑文を彫刻した「博愛記念碑」を設置しました。この縁で、宮古島にはドイツ文化村という施設ができ、なかなかおしゃれなミニ・リゾート地になっています。

領事裁判権で対応に苦慮した井上馨外相

　1886 年 10 月 24 日、横浜から日本人乗客 25 名と雑貨を乗せて神戸に向かった英国 P&O の貨物船ノルマントン号（240㌧）が、暴風雨により、和歌山県 潮 岬 沖で沈没、船中に取り残された日本人乗客全員と、中国人やインド人の乗組員 12 人が死亡し、英国人船員 26 名だけは全員、備え付けの救命ボートで救われ、沿岸漁村の住民に手厚く保護されました。

　領事裁判権を認めた不平等条約時代にあって、この事件は大きな政治と司法の問題に発展したのでした。筆者は大学院時代にこのケースについての試験問題が出たことをよく覚えています。領事裁判権を考えさせる格好の事例だったということなのでしょう。

第 1 章　世界の中の日本　51

時の井上馨外相は、日本人乗客が全員死亡したことに不審をもち、その場の詳細な調査を指示、国内世論は、ドレーク船長が日本人乗客にとった非人道的態度とその基盤にある人種差別に猛反発しました。

　11月1日、神戸駐在英国領事のジェームズ・トゥループは、領事裁判権に基づき神戸領事館内で海難審判を行い、5日、「船員は日本人に早くボートに乗り移るよう勧めたが、英語が通じなかった」というドレークの陳述を認めて、船長以下全員に無罪判決を言い渡したのです。この判決に世論は沸騰、全国から義援金が寄せられ、新聞各紙は連日、弾劾の記事を掲載しました。高名な法学者や在野の論客は各地で演説会を開催、イギリスの横暴と非人道を責め、民衆に国権回復を訴えたのでした。

　井上は、兵庫県知事に命じ、船長らの神戸出港を抑え、知事名で横浜英国領事裁判所に殺人罪で告訴させ、審議は、横浜領事裁判所に移され、判事のニコラス・ハンネン（1842〜1900）はドレークに有罪判決を下し、3カ月の禁固刑に処しましたが、遺族への賠償金は支払われませんでした。

　賠償金がなかったのは、この事件の拡大化による日英関係悪化を憂慮した福沢諭吉の主宰する『時事新報』が論調を軟化させたことにもよります。井上外相は、この年5月に始まっていた不平等条約改正に関する英国との交渉で、外国人判事を半数以上とする体制で外国人のケースを扱うという妥協案を了としていたところに、この事件です。英国側の反発が強くなり、条約改正会議は無期延期、井上は辞任となってしまいました。なお、領事裁判権が廃止されたのは、8年後、日清戦争が起こった1894年のことでした。

　その後も日本近海での外国艦船をめぐる海難事故は続きました。1892年11月30日、愛媛県沖の瀬戸内海で、フランスから回航中の海軍の水雷砲艦「千島」にイギリス商船「ラヴェンナ」（1,916㌧）が衝突、「千島」が沈没、74名が死亡する事故がありました。日本政府が訴訟当

52

事者として外国の法廷に出廷した史上初の事件であり、領事裁判権の撤廃問題も影響して、内外を巻き込む政治問題に発展しました。

紆余曲折はありましたが、英国の横浜領事館によって和解が図られ、95年9月19日に日本政府とP&Oの間で和解が成立、P&Oは1万ポンド（日本円で90,995円25銭）の和解金と日本側の訴訟費用全額を負担する代わりに日本政府は一切の請求権を放棄しました。

正岡子規は、同年12月2日付の新聞「日本」（陸羯南らが1888年に創刊した日刊紙『東京電報』の後身）に、この事件について

　　もののふの　河豚にくはるる　悲しさよ

と詠んでいます。

さらに、1905年8月22日、瀬戸内海・姫島灯台付近でイギリス汽船「バラロング号」と汽船「金城丸」が衝突して「金城丸」が沈没。165人が死亡という事故がありました。

和歌山県串本町海岸で難破したトルコの軍艦

1890年9月16日夜半、オスマントルコ帝国の軍艦エルトゥールル号が、現在の和歌山県東牟婁郡串本町沖にて遭難し500名以上の犠牲者を出した事件がありました。

住民たちは、総出で救助と生存者の介抱に当たり、悪天候で出漁できず衣類や手ぬぐいを与え、乏しい食料の中から、卵やサツマイモ、ニワトリなどを供出、救護に努めました。生還することができたのは69名。587名が死亡または行方不明という、大惨事になりました。神戸港に停泊中だったドイツ海軍の砲艦が急行し、生存者は神戸に搬送、病院に収容されました。

明治天皇からのご下賜金をはじめ、全国から義援金が寄せられ、日本海軍のコルベット艦「比叡」と「金剛」に後の日本海海戦で活躍した秋山真之（1868〜1918）ら海兵17期生が少尉候補生として乗り組み、

第1章　世界の中の日本　53

生存者を分乗させ、翌91年1月2日、オスマントルコ帝国の首都イスタンブールに送り届けました。

数えきれないほど続いた海難事故

　四囲が海という日本で海難事故はその後も数多く続きました。中でも、1910年1月23日、逗子開成中学校・高等学校の生徒ら12人の遭難は悲劇でした。休日に無断で学校所有のボートを海に出し、七里ヶ浜沖で遭難し、全員死亡した事故です。三角錫子（トキワ学園創立者）の作詞になる「真白き富士の嶺　緑の江の島……」なる鎮魂歌が作られ、悲しみは全国民の涙を誘い、遭難地点に近い稲村ヶ崎に二人の少年の立ち姿を彫った慰霊碑が建立されました。

　海軍にも悲劇がありました。1922年8月26日、カムチャッカ半島で漁船保護にあたっていた巡洋艦「新高」がオジョールナヤ基地沖で停泊中に、暴風により海岸で座礁、転覆したのです。この事故で327人が死亡、生存者はわずか15人でした。

　京都府舞鶴港に向かっていた海軍の工作艦「関東」が、吹雪の中で位置を確認できないまま航路を逸脱、福井県下糠浦海岸の二ッ栗岩に座礁して99名が死亡しました。

　1926年4月26日、千島北端に近い幌筵島の沖で蟹工船「秩父丸」が座礁・沈没し、182人が死亡しました。この島には東洋一という蟹工場がありました。

　元号がちょうど昭和に変わるころ、1926年12月、漁船「良栄丸」（42トン）が銚子沖の海上で機関の故障により航行不能となり、10カ月間も漂流、乗組員12人全員が餓死した後、翌年の10月末に北米西岸に漂着するという事件がありました。

　日本周辺は、航行する船舶の種類や数が多く、また、海流が激しく、さらには台風、高波などが多く戦前、戦中、そしてレーダーなど航行設

備が発達した戦後においても、さまざまな海難事故が起こっています。

太平洋航路の重要性

　もちろん、東海道の交通量は多く、また、太平洋航路では「天下の台所」大坂と「100万都市」江戸の間で盛んに物資を運んでもいました。中でも、御用米（幕府の米）を運ぶ船は、1〜5個の「日の丸」を付けた幟を立て、港湾では優先的な地位を与えられていました。ですから、1853年に米提督ペリーが31星の「星条旗」を掲げて来日したとき、迎える日本側には国旗がなかったのです。彦根、川越、忍、会津など警備を担当した各藩は、それぞれの藩の紋章を描いた幟を立てて所属を示していたのでした。阿部正弘を中心とする幕閣は「大中黒」という、徳川の祖先とされる新田家の幟を横長にしたものをいったん「惣船印」として決めたのですが、薩摩の島津斉彬、水戸の徳川斉昭らの反対により、「日の丸」に変更しました（詳細は、拙著『知っておきたい「日の丸」のはなし』学研新書）。

　それはさておき、子どものころ、紀伊國屋文左衛門（1669？〜1734？）の成功譚に胸を躍らせました。「沖の暗いのに白帆が見ゆる、あれは紀伊國ミカン船」とカッポレの唄に残り、三波春夫の長編歌謡浪曲「豪商一代　紀伊國屋文左衛門」で知られた、虚実織り交ぜて伝わっている人物です。書店の紀伊國屋やスーパーのKINOKUNIYAの名を見聞きするたびに、太平洋航路のことを思い出すのは筆者だけでしょうか。

　井上靖の『おろしや国酔夢譚』（文春文庫）は今の三重県鈴鹿市から江戸に荷を運ぶ途中で嵐に会い、オホーツク海に流され、遠くサンクトベテルブルクまで送られて、エカテリーナ女王（在位1762〜96）に拝謁した大黒屋光太夫らの物語です。また、吉村昭の『朱の丸御用船』（同）は江戸後期、幕府の年貢米を運んでいた船が、志摩の小さな漁村で難破

し、座礁した際、積荷を「瀬取り」して村民に分けていたのですが、公儀の米を「瀬取り」したことから罪が発覚して村が変わるまでを描いたものです。

　この航路は江戸時代末期には軍事的にも頻繁に行き来がありました。特に知られているのは1868年、薩摩藩の挑発に乗った第15代征夷大将軍・徳川慶喜（1837〜1913）が、会津・桑名藩兵を率い、京都に向かうところ、1月3日、鳥羽・伏見において武力衝突、自軍の形勢不利になったと知るや、徹底抗戦を指示しながら、自らは側近・妾女、老中である板倉勝静と酒井忠惇、会津藩主・松平容保、桑名藩主・松平定敬らと共に、軍艦・開陽丸で大坂港から江戸に敵前逃亡というべき退却をしたことです。これで慶喜の政治生命は終わり、明治維新の大勢はこのときに決まったといっても過言ではないでしょう。

コラム　「世界で２番目に有名な絵」
　ボストン美術館所蔵の「富嶽三十六景　神奈川沖浪裏」は、舟を鷲掴みにして飲み込まんばかりの大波と一方で、船頭たちは、舟べりに並んでしがみついています。遠くに富士山。現在の千葉県木更津市から描いたものだそうです。筆者は同市で月例に開催される勉強会にほぼ毎回参加しますが、東京湾アクアラインの途中にある海ほたる駐車場から見る夕方の富士山はまさに絶景です。この葛飾北斎の絵について牧野健太郎（NHKプロモーション・プロデューサー）はイリナ・ボコバ・ユネスコ前事務局長が「世界で２番目に有名な絵だ」と述べたと紹介しています（「Wedge」2019年3月号）。この絵は20年3月発行分からの日本の旅券の査証欄に用いられ、日本の伝統文化をアピールし、偽造防止に役立てるのだとか。「動と静、近と遠の鮮明な対比がこの図の主要なテーマ」であると牧野は記しています。24年度から使用する1,000円札の表には北里柴三郎が、裏にはこの絵が描かれるということです。

冨嶽三十六景　神奈川沖浪裏

　ちなみに、「世界で1番有名な絵」は？　ボコバさんは即座に、「モナリザ」と答えたそうです。ゴッホは弟テオに宛てた手紙で北斎のこの絵を激賞し、またフランスの作曲家・ドビュッシーが仕事場にこの絵の複写を掲げながら、交響曲「海」を作曲したことはよく知られています。江戸湾（東京湾）は、漁船や各地からの回船の通行が盛んで、房総半島から江戸に海産物や野菜を運ぶ際に利用されたといいます。荒波の湾を渡ってこそ、利益が大きい、そんな気迫さえ感じさせられます。

コラム　餃子は引き揚げ者からの文化移入

　難民や捕虜が異文化をもたらした例は、唐の捕虜がサラセン王朝にもたらした紙をはじめ、第一次世界大戦で日本軍の捕虜となった青島のドイツ将兵が伝えたタイヤ、パン、バウムクーヘン、「第9」などたくさんあります。拙著『捕虜の文明史』（新潮選書）、『捕虜たちの日露戦争』（NHK出版）、『難民 ── 世界と日本』（日本教育新聞社）に詳述しました。

　終戦時、約330万人の将兵と、また、ほぼ同数の民間人が、現在の日本の領土以外に滞在していました。それらのほとんどすべての人たちが復員や引き揚げという形で内地に戻ったわけですが、そのとき、さまざまな現地の習慣や文化を持ち帰りました。

　宇都宮が餃子で街づくりできたのもその一例で、帝国陸軍第14師団（宇

都宮師団）が、1940 年 8 月以降、衛戍地を「満州」（現・中国東北部）としたことから、除隊・復員・引き揚げなどで帰国した人たちが本場の餃子の製法を持ち込んだことに由来するといわれます。今日、市内には餃子専門店と餃子を扱う店が合わせて約 200 軒、水餃子・揚餃子・焼餃子・スープ餃子など、駅前広場だけでもさまざまな餃子専門店が軒を連ね、「餃子のフルコース」（デザートは餃子の形のアイスクリーム）などもあり、餃子は宇都宮名物となっています。

　ほかにも浜松市や静岡市など餃子で有名な都市があります。これらの大都市では、復員兵や引き揚げ者以前に、戦前から在日の支那人（中国人）などを通じて、ささやかながら調理されていたものが、帰国者や食品店などの方針で普及していったもののようです。

第2章　沖縄以外、全土がつながっている日本

４つの島と沖縄と

　日本には現在、6,852 の島があるのです。うち、居住者がいる島（有人島）は 418 島（2014 年国勢調査）にすぎません。つまり、日本の島の大半は無人島ということなのです。しかも、少子化、高齢化で無人島はかなりのスピードで増えているのです。

　詳細は、清水浩史『秘島図鑑』（河出書房新書）を参考にされることをお勧めします。清水は『Pocket Atlas of Remote Island : Fifty Islands I Have Not Visited and Never will（ポケット版まだ見ぬ、行けそうにもない 50 の離島（仮訳）』という本があると紹介しているのですが、筆者は手にしていません。

　わが国の国号で最初の確実なものとしては、大宝律令（701）の「明神御宇日本天皇」であるとされています。しかし、ほかにも「大八洲」と称していました。これは、712 年に太安万侶（？～ 723）が編纂した日本最古の歴史書『古事記』の、国生み神話に由来するもので、伊弉冉命所生の淡路、伊予（四国）、隠岐、筑紫（九州）、壱岐、対馬、佐渡、大倭豊秋津島（本州）の８つの島から成るとることに由来しています。ですから、関西以西と日本海に浮かぶ４つの島（隠岐、対馬、壱岐、佐渡）が領土ということで、当時は関東も、東北も、北海道も領土といった意識の中にはなかったのではないでしょうか。

　この大八洲、今や世界に誇る交通システムで結ばれているのはご承知の通りですが、振り返れば、さまざまな歴史が思い浮かびます。

　中でも、本州と九州の間、関門（馬関）海峡と言えば、古くは 1185 年、源平最後の戦さとなった「壇ノ浦の戦い」で幼い安徳天皇（1178 ～ 85）の入水と、平家一門が滅亡したことを思い浮かべます。また、1592 年には、名護屋（現・佐賀県唐津市）から戻る豊臣秀吉（1537

〜98）を乗せた船が、明石（石井）与次兵衛船長の過失により座礁させてしまいましたが、秀吉は危うく難をのがれ、与次兵衛が切腹するという一件がありました。浮世絵や講談、歌舞伎の題材になっており、シーボルトによるスケッチも残されているそうです。

　ちなみに、47都道府県中、島が一番多いのは長崎県（海岸線も最長）、島がないのが大阪府です。日本最大の島は択捉島。面積は 5,000km^2 を超えています。日本人の居住者はいません。他方、居住者のいる最も小さい島が五島列島の蕨小島、周囲 1.8km、面積 0.03km^2、人口は9人で、学校もクリニックも交番もありません。

　1612年5月13日、宮本武蔵と佐々木小次郎による決闘が行われたことで有名なのが巌流島。筆者の世代くらいまでは、小学生のころなど、毎日のようにそのまねをして遊んだものでした。島は面積 0.103km^2、周囲 1.6km、ほとんど平らな小島です。

武蔵・小次郎の決戦が行われた巌流島（下関市大字彦島字船島）。下関市の山口県国際総合センター（夢タワー）からの写真。決闘が行われたのは、図の右上、突堤の付け根から右に延びる砂浜あたりか

幕末の馬関（関門）海峡

　幕末の1863年7月16日、関門海峡を通過するアメリカの商船に長州藩が砲撃を行い、翌年5月、英仏蘭米4カ国との下関（馬関）戦争に発展、攘夷論で固まっていた長州藩が尊皇開国へと藩論を転換させるきっかけとなりました。

1895年4月17日、下関サイドの海峡に面した割烹旅館・春帆楼（しゅんぱんろう）で、陸奥宗光（むつむねみつ）（1844〜97）と李鴻章（1823〜1901）の交渉がまとまり、日清戦争の講和条約である下関条約がここで調印されました。台湾の日本への割譲が決まったのです。

陸奥宗光（左）
李鴻章（右）

　沖縄を除く日本の4つの島、最初は泳ぐか船で渡るしかなかったのでしょうがやがて、海底鉄道、橋、高速道路、そして、新幹線、空路などで縦横につながり、本州の中央ではリニアモーターカー（超電導磁気浮上式中央新幹線）が工事中です。完成すれば最高設計速度505km/hの高速走行が可能なのだそうです。2011年5月26日に整備計画が決定され、27年に品川と名古屋間での先行開業を目指しており、完成後はその間を40分で結ぶ予定だそうです。さらに、2037年には、東京と大阪の間を最速67分で結ぶということです。今や日本は世界で最も交通の便のいい国の1つになりました。

本州と九州がまずトンネルで

　内務省が関門海峡第1期改良工事に着手したのは日露戦争から5年後の1910年、32年間の工期を経て、1942年11月15日（真珠湾攻撃から約1年後）、関門鉄道トンネルが開通したのです。
　しかし、終戦の年、45年3月27日から7月11日にかけて、米軍

はB-29による機雷敷設を徹底し、日本近海に投下された機雷は推定11,000個、内約5,000個が関門海峡に投下され、いまでも約1,700個が未処理であると推定されています。大学院生のころ船で神戸から小倉まで行くときにここを通りましたが、あのころはどんなだったんだろうと思うと、気の弱い筆者は、今でも背筋が寒くなります。

海上には1973年、高速道路の関門橋が架かり、75年3月10日、新幹線の新関門トンネルが供用を開始しました。2017年には門司在住の畏友・江崎穣(ゆたか)・友子(ともこ)ご夫妻の案内で、トンネルも橋も通ってみましたが、今や、海底トンネルと高速道により、本州と九州はまるで1つになった気分でした。初めて海底を通った人はどんな気持ちだったのでしょうね。

戦時の津軽丸、そして台風での洞爺丸

秋田育ちの筆者は中学時代の修学旅行で北海道に行きました。「♪秋田発　昼の列車降りたときから」青函連絡船「羊蹄丸(ようていまる)」が待っていました。函館港まで約4時間、船にはいろいろな展示がありました。中でも「津軽丸（3,484総㌧）」と「洞爺丸(とうやまる)（3,998総㌧）」の悲劇を映したパネルは脳裏を離れません。

1908年から運行された青函連絡船ですが、さまざまな事件や事故が記録されています。わずか10年ほど前の終戦の年、1945年7月14日、

空爆される津軽丸（米国側撮影）

転覆して船腹を見せる洞爺丸

青函連絡船「津軽丸」が米空母艦載機からの空爆により、松前半島の東岸狐越岬東方約4カイリで沈没。乗組員99名中75名戦死、乗客70名中52名が死亡しました。

　また、修学旅行からわずか2年余の1954年9月26日、台風15号で「洞爺丸」が強風にあおられて難破し、1,155名もが亡くなりました。三浦綾子の『氷点』（朝日新聞1,000万円懸賞小説最優秀賞受賞作）では沈没による人間模様が、心奥を抉る鋭い筆致で描かれています。

　こうした事故を受けて、悲願の「青函トンネル」は1988年3月13日に青森県東津軽郡今別町と北海道上磯郡知内町を結んで完成しました。全長53.85km、海底部分23.30kmは交通機関用のトンネルとしては日本一および東洋一であり、2016年6月1日にスイスのゴッタルドベース・トンネル（57.104km）が開通するまでは、世界一の長さの交通機関用トンネルでもありました。海底トンネルとしては1994年5月6日に開通式を行った英仏海峡トンネルの海底部分37.9kmが世界最長（全長50.45km）です。

　2016年3月26日に新青森駅と新函館北斗駅間の北海道新幹線が開業し、地元の強い要望から工期を縮め、2030年には札幌まで開通する予定となっています。

今では3本の大橋でつながっているが

　洞爺丸事故から1年足らずの1955年5月11日午前6時56分、国鉄屈指の大事故が瀬戸内海で発生しました。岡山県宇野港と香川県高松港の約20kmを結ぶ航路でですが、上り運航中の国鉄の「紫雲丸（1,449総㌧）」が下り便の大型車両渡船「第3宇高丸（1,282総㌧）」と衝突し、大惨事になりました。「紫雲丸」には、修学旅行中の松江市立川津小、広島県豊田郡木江町立南小、愛媛県三芳町立庄内小、高知市立南海中の学童・生徒、引率教職員、保護者なども乗船していました。児童・生徒

だけでも 100 人（内女子 81 名）もが亡くなり、ほかに引率教職員、保護者など 8 人、さらに船員など計 168 名が亡くなりました。

　この事故は「本四架橋」工事の早期着工の気運醸成にもなり、まず、①児島・坂出ルート（瀬戸大橋）が 1988 年 4 月 10 日に全通し、② 10 年を経て、神戸・鳴門ルート（明石海峡大橋）が 1998 年 4 月 5 日、③さらに翌年 5 月 1 日には尾道・今治ルート（瀬戸内しまなみ海道）も完成しました。これで 3 ルートがそろい、事業としては完成しました。③は一度も渡ったことがなかったのですが、先日、愛媛県の瀬戸内しまなみ海道を北上し、景色の美しさに見とれて、隣の客（もちろん美女）をすっかり忘れてしまうほどでした。

コラム　日本一低い山

　仙台市宮城野区蒲生にある日和山（築山、すなわち人工的な山）は標高 3 m。1990 年代に標高 6 m で日本一低い山とされましたが、96 年に大阪市の天保山が国土地理院の地形図に 4.53m の山として掲載されたため、その地位を失いました。しかし、日和山は 2011 年 3 月 11 日の東日本大震災の津波で削られ、その後の国土地理院の測量を経、標高 3 m の山であると地形図に掲載されたため、再び日本一低い山となりました。しかし、二等三角点のある山としては天保山が日本一低く、自然にできた山としては、徳島市の弁天山の 6.1m、火山では、山口県萩市の笠山の 112m が"最低峰"です。

第3章　樺　太

1644 年の「正保御國絵圖」に明記

　1635 年、蝦夷地を領有していた松前藩は、北海道全島及び千島、樺太を含む蝦夷地方の調査を行いました。それに加えて、44 年、幕府は日本総図、いわゆる「正保御國絵圖」を作成、そこには、「くなしり、えとほろ、うるふ」など 39 もの島々の名が明記されています。一方、ロシア人が初めて得撫島に来て、長期滞在して越年したのは、1766 年ですが、先住のアイヌ住民たちの反抗にあって、翌年には帰国しています。

　現存する地図の中で北方領土が表された最も古い地図は、この「正保御國絵圖」であり、これは、デンマーク出身の探検家で、ロシア人として千島列島に沿って北方領土一帯を探検したルチン・スパンベルグ（？〜 1761）たちが、この方面の地図を作製した 1739 年より、100 年も前のことです。

　ところが、2019 年 4 月 14 日付産経新聞によると、20 年度から使用される小学校の教科書で、江戸時代初期の日本を赤く塗った地図が文科省の検定により、北海道以北を白く塗るよう修正されたというのです。これでは北方領土を日本固有の領土とする、これまでの政府見解ともまた歴史的事実とも全く異なり、子どもたちに誤解を与えます。

　ロシアは、18 世紀初めにカムチャッカ半島を支配した後、千島列島へ探検隊を送って調査し、ラッコの捕獲なども行いましたが、択捉島のすぐ北の得撫島を越えて南下して来たことはありませんでした。これは、幕府が択捉島やそれより南の島々に番所を置いて外国人の上陸を防ぎ、これらの島々を治めていたからです。1754 年には、松前藩が国後場所を開設し、厚岸、国後を根拠とするアイヌの人たちとの交易を活発に行なっています。

第3章　樺　太　65

江戸時代の鎖国政策が続く中、1792年10月20日、日本人漂流民の大黒屋光太夫一行を帰国させつつ通商を求めたアダム・ラクスマン（1766～1806？）が根室にやってきました。スケートを日本で初めて披露しましたが、根室は当時あまりに辺境の地であり、それが日本中に広まるというようなことはありませんでした。

　幕府は松前藩を通じ、光太夫らは引き取り、「寛政の改革」で知られる老中・松平定信（1759～1829）は通商開始の約束を交わしたのですが、幕府はこれを実行しませんでした。そこで、ニコライ・レザノフ（1764～1807）は次に、漂流民の津太夫一行を送還する名目で、通商を求め、ロシア皇帝アレクサンドル1世の親書を携えた正式な使節団として1804年、長崎にやって来ました。

アダム・ラクスマン（左）
ニコライ・レザノフ（右）

　今度は老中・土井利厚が担当したのですが、儒学者で大学頭の林述斎が「ロシアとの通商は祖宗の法に従い拒絶すべきであるが、ラクスマンに信牌を与えた以上、礼節をもってレザノフを説くべし」と説きました。レザノフは時間をかけて留めおかれた上、「通商は全面的に拒絶する」との返事に、翌年4月に怒りを抱えて長崎を去りましたが、配下のニコライ・フヴォストフらが、樺太や利尻島の漁村、そして択捉島で、日本の施設・建造物や船舶を攻撃し、南部藩の砲術師・大村治五平を連れ去る（約1カ月後釈放）など、火力の差を活用して、日本側をほしいまま

に攻略しました。

　幕府が、万一の事態に備え、これを朝廷に報告しました。これが、やがて外国との事案は朝廷に報告するという先例になり、後年、外国との条約締結にあたっては勅許をえるべしという論拠となって行ったのでした。

　1799 年には高田屋嘉兵衛が苦心の末、国後・択捉島間に航路を開きました。

東北諸藩、警備兵を蝦夷地へ

　幕府はロシアからの襲撃に備えるよう 1807 年、秋田（佐竹）藩、弘前（津軽）藩、仙台（伊達）藩などに蝦夷各地への出兵と防備を命じました。

　先年、利尻島を訪ねて驚いたのですが、そこには秋田市と同じ太平神社があり、北海道と言えばほぼ東京弁に近いと聞いていたのですが、なんと明らかに秋田弁との類似性があるのです。秋田には巨大なフキがあり、「秋田音頭」でも「コラ　秋田の国では　雨が降っても唐傘などいらぬ　手頃な蕗の葉　さらりとさしかけ　サッサと出て行くかえ」と歌われていますが、これはおそらく蝦夷地勤務に由来するのではないかと、北方領土や樺太で同じような大きなフキをみて想像しました。秋田農林試験場に問い合わせましたが、遺憾ながら「なぜ秋田にだけ大きなエゾフキがあるのかは分からない」との返事でした。

　これより先、1792 年、最上徳内（1755 ～ 1836）が利尻富士と呼ばれる利尻山（1,710m）に日本人として初登頂しており、樺太が島であることを「発見」したことで知られる間宮林蔵（1780 ～ 1844）も最上に続いて登頂したようです。山登りが全く苦手の筆者も、数年前、ほぼ円形の利尻島（周囲約 60km）の海岸をぐるりと回ったとき、どこから見ても美しい利尻山（コニーデ型火山）に、身の程も、年齢も、服装

第 3 章　樺　　太　67

間宮林蔵（左）
最上徳内（右）

も考えず、「登ってみようかな」と思いこませられた、綺麗な山姿でした。

　1803年、会津藩は藩校日新館を開校、人材の養成に鋭意取り組みました。そして家老・田中玄宰は兵を鍛えるためと会津藩の実力を誇示するため、藩兵の樺太派遣を願い出、08年、内藤信周（源助）隊長指揮の下、会津藩兵が若松城を出発、宗谷（稚内市）に本陣を置き、台場や見張り台を設置しました。番頭・梶原景保は利尻島本泊に派遣され、さらに北原采女（光裕）指揮の下、樺太に上陸して本格的な警備陣営を設け、ロシア軍襲撃に備えて訓練を重ねました。

　日新館の生徒数は1,000～1,300人。朝は素読で始まり、四書五経の座学から、約8千坪の敷地に設置された武道場や天文台を活用した指導、そして日本最古のプールと水錬水馬池での水泳訓練もしました。当時の泳法は「向井流」。鎧と手甲を身にまといながら水錬を行っていたそうです。これは北方警備に船で渡航した際、難破し、藩兵に多数の死者が出たため、心身の鍛錬に努めることを目的に設置されたということです。当時、水錬水馬池があった場所は、現在は日新館スイミングスクールとなっています。池の周囲は約135m。ちなみに、水錬場を備えていた藩校は他に長州藩の「明倫館」だけでした。その両藩が明治維新では最後まで矛を交わし、今にまで、ある種の遺恨を遺しているのです。

　ロシア兵はナポレオン戦争が原因で引き上げたため実際のロシア兵と

の交戦はなかったのですが、野菜が摂取できないことによるビタミン不足で水腫病（脚気・壊血病のような浮腫ができる病）にかかる兵士が多かったのです。いまならビタミンAやCの不足とされるのですが、これを問題視した幕府は、当時、水腫病に効果があるとされたコーヒーを用いたと伝わっています。それが有効であったかどうかは？

日魯通好条約、そして樺太千島交換条約

1855年2月7日、大目付格・筒井政憲（まさのり）（1778～1859）、勘定奉行・川路聖謨（かわじとしあきら）（1801～1868）とE.V.プチャーチン提督（1803～1883）の間で「日魯通好条約（下田条約）」が締結されました。この条約では、第1条で今後両国が「末永く真実 懇（ねんごろ）」にすることが謳われるとともに、第2条において、日露間の国境を択捉島と得撫島の間とすること、樺太島には国境を設けずに、従来通り、両国民混住の地とすることが定められました。箱館、下田、長崎の3港の開港（第3条）のほか、双務的な領事裁判権が規定されていること（第8条）もこの条約の特徴です。いわゆる不平等条約ではないのです。プチャーチンは川路の人柄や能力を大いに評価し、両家の交流は、21世紀の今日まで続いています。

その後、樺太における日露関係はロシア側に傾いたため、初代駐露大使・榎本武揚（1838～1908）の努力で、この条約の20年後、1875年に、

川路聖謨（左）
E.V.プチャーチン（右）

「樺太千島交換条約」が締結され、日本は、得撫島以北の千島を領有する代わり、樺太はロシアの領土とすることになりました。

　日本共産党は不破哲三元委員長を中心に、日本が返還を求めるのは全千島であるべきだという主張です。筆者もこれは正論であると考え、1970年代から約50回開催してきた日ソ（露）専門家会議などの場で、「かつてみなさんの友党であり、同志だった日本共産党はこのように主張している。我々は、それを4島だけでいいから返還せよ」と言っているのだ、と理解を求めました。

　しかし、筆者はこの日本共産党の主張は、サンフランシスコ講和条約で放棄しているものをぶり返すのはあまりに非現実的な、「理屈のための理屈」であって、むしろ、国際社会における日本の信用を損ねるものであると考えます。

樺太をめぐる日露の力関係に変化

　19世紀後半、樺太には、政治犯を含む受刑者がロシア本土から送られ、その待遇は悲惨なものでした。

　ユジノサハリンスクの郷土博物館は日本時代からのものですが、そこに展示されている写真の中には、鉄鎖で手や足をつながれたまま就労させられている囚人の写真もあります。

　医師であり、劇作家であるロシアのアントン・チェホフ（1860〜1904）は結核の身をかえりみず、1890年の4月から12月にかけて、船とそりをも活用し、流刑地サハリン島へ出かけ、1万人とも伝えられる囚人たちを観察・取材し、生活や環境をつぶさに記録し、日本人外交官とも接触しました。調査結果は、旅行記『サハリン島』としてまとめられました。この調査旅行は、しばしばこの作家の転機だったといわれています。一連の代表作『かもめ』『ワーニャ伯父さん』『三人姉妹』『桜の園』などはこの後に書かれたものです。

1855年の日魯通好条約で両国は国交を開き、樺太は日露混住の地とし、東は択捉島(えとろふとう)までを日本領とし、得撫島以北は露領としました。しかし、その後、樺太にはロシア人の進出が活発で、力関係が大きく傾きました。75年には、初代駐露全権公使となった榎本武揚の尽力で「樺太千島交換条約」が結ばれ、平時にあって、主権の交換が実現したのでした。
　北緯50度以南の樺太が日本に割譲されたのは、日露戦争（1904〜05）の講和条約であるポーツマス条約（1905）によるものです。1945年8月9日、有効期限内だった日ソ中立条約を破って、ソ連軍は北緯50度線から、日本の領土である南樺太に武力侵攻してきました。

榎本武揚（左）
A. チェホフ（右）

日露戦争唯一の露領での戦闘が樺太で

　日露戦争（1904〜05）は主に中国東北部が戦場だったのですが、最終段階で、日本は児玉源太郎大将の発想で、ロシア本土である樺太に、なけなしの兵員をかき集めて第13師団を結成して進攻しました。ポーツマスでの交渉を有利に運ぼうという狙いからです。05年7月5日にコルサコフ（後の大泊）に上陸、流刑囚や徒刑囚まで駆り集めたロシア軍を蹴散らして北上しました。ユジノサハリンスクの名で今は州都になっている所はウラジイロフカという戸数約300の村でしたが、日本は占領部隊の指揮官だった晴気市三少佐(はるけ)の名を取って、晴気と改名、日

第3章　樺　太　71

本に割譲されてからは、豊原となった所です。

　今でもコルサコフ港外には、高さ7mはあろう「日本軍上陸記念碑」が小さな丘に横倒しになっており、そこからは大きな液化天然ガス工場が一望できます。

日露戦争で南樺太の割譲を受ける

　日清戦争の10年後に起こった日露戦争での勝利により、1905年9月3日、小村壽太郎（このむらじゅたろう）(1855～1911) とセルゲイ・ウィッテ (1849～1915) 間で「ポーツマス条約」が署名されました。その結果、日本は北緯50度線以南の南樺太（からふと）（南サハリン）の割譲を受けたのです。それまでは1855年以来、全樺太が日露混住の地であり、1875年の樺太千

小村壽太郎（左）
セルゲイ・ウィッテ（右）

樺太北緯50度日露国境第4号（安別）境界標。
裏面には「双頭の鷲」の露国の国章が彫られている。
1932年夏撮影。日本樺太連盟提供

1935年ころの豊原市内（『樺太図録』より）

島交換条約以降はロシア領であった地域です。50度線東西131kmが樺太を横切り、国境を示す、腰くらいの高さの碑が4つ並んでいました。南側には菊の御紋、北側には双頭の鷲のロシア帝国の国章が彫られており、碑の1つが、根室の資料館に、複製が東京・外苑の絵画館にあります。

コラム　樺太を訪れた二人の詩人

　樺太生まれの人というと、ニトリの創業者・似鳥昭雄、横綱・大鵬、直木賞作家・綱淵謙錠（つなぶちけんじょう）、ボクシング・世界チャンピオンだった輪島功一、北海道知事・堀達也、熱血駐露大使・丹波實、札幌医大学長・秋野豊明、文化庁長官・鈴木勲（公益財団法人日本弘道会会長）などの名が浮かんできます。また、樺太は日本本土から近いということもあり、多くの日本人や朝鮮人が移住し、また、鉄道の敷設で全国からの旅行者も多かったのです。民俗学者の柳田国男、歌人の斎藤茂吉（もきち）、作家の林芙美子といった多くの著名人が樺太へ足を運んでいます。

　宮沢賢治（1896～1933）と北原白秋（1885～1942）の2人も樺太を訪れています。賢治は、1922年11月24日、最愛の妹トシ（日本女子大卒、24歳で病没）を失い、すぐ『永訣の朝』を書き、翌年初夏、ド派手な格好で樺太に発ったのは「悲しみを振り切るように」「魂の行方を探そうとする旅」に出たという評者もいます。直接の目的は、樺太の王子製紙に勤務している先輩を訪ねて、農学校の教え子の就職を依頼するということでしたが、それは口実に過ぎませんでした。この旅行のあいだにも、長編口語詩『春と修羅』の「オホーツク挽歌」の章に収められている諸作品を書き上げました。

第3章　樺　太

サハリンでは今でも日本時代からの狭軌の鉄路が真っすぐ北上し、JR各社からの中古車両が輸出されて、走っています。賢治はそれに乗って、『銀河鉄道の夜』を発想したともいわれています。

　白秋は地方への関心が高い人で、1914年には結核を病む妻・俊子（結婚にあたって白秋は姦通罪で訴えられ、のち免訴）と小笠原の父島に9カ月滞在し、その間に可憐な恋を描いた「びいでびいで」という詩を書いています。「びいでびいで」は「南洋桜」のことで、この花に「将来を誓い合う」という意味の詩であり、平井康三郎が曲をつけています。

　ただし、白秋は「『聞いて極楽、見て地獄』と申しますが、決してああいふ離島などに内地の人が、永く住すめるものではありません」と書き遺してもいます。当時はいろいろ不便なことだらけだったのでしょう。

　また、白秋は1925年には樺太を訪問し、小説「フレップ・トリップ』（岩波文庫）を書き上げました。フレップの実は赤く、トリップの実は黒いのですが、いずれも樺太のツンドラ地帯に生ずる小灌木の名前です。南国育ちの白秋は樺太各地を訪れ、北の地を満喫したようです。

トップ女優・岡田嘉子の大脱走

　岡田嘉子（1902〜92）は、大正から昭和初期にかけて、サイレント映画時代の人気映画女優で一世を風靡し、舞台でも大活躍し、日本中で知らない人はいないと言われた人（当時35歳）でした。ところが、1938年1月3日、愛人で左翼・演出家の杉本良吉（同31歳、早大露文卒、日本共産党員）とともに樺太の日露国境である北緯50度線を越えてソ連領内に入り、日本を捨てたのでした。

　日本中に激震が走りました。2人は、警察官の慰問旅行として東北や北海道を北上、「稚泊航路」を樺太に渡り、最後は、入念に慰問活動を行い、国境の町・古屯（「街」を表すニブヒ語「コトン」に由来。現・ポベージノ）の警察署に着きました。国境までは17km、署員の正月を大いに盛り上

岡田嘉子

げ、「国境見物」に向かいました。2人の警察官がスキーで付き従いましたが、重いからと銃や電話機を馬橇(ばそり)に預けました。2人はその銃で橇(そり)屋を脅し、急旋回させ、50度線を突破したのです。

しかし、ときが悪すぎました。2カ月前の37年11月、日独伊3国防共協定が締結され、38年夏には張鼓峰事件、39年にはノモンハン(ハルハ河)で大規模な武力衝突と続く時期であり、ソ連首相スターリンによる粛清がソ連全土で嵐のように広がっていました。

杉本はソ連に入るや早々にスパイ容疑で逮捕され、翌年10月20日に処刑。岡田は約10年に及ぶ収容所(ラーゲリ)暮らしを経て、1947年12月4日に釈放されました。この間、岡田は取り調べへの証言をたびたび変え、最終的には「極秘の任務に属した」と証言したと名越健郎『クレムリン秘密文書は語る』(中公新書)にはあります。「恋多き女」「炎の女」「時代を駆けた女」などと騒がれた岡田の89年の一生は、驚嘆すべきものです。1972年、34年ぶりに帰国を果たし、メディアにも盛んに登場し、その後も何度か帰国し、その間に『悔いなき命を』(廣済堂出版)はじめ3冊の自叙伝を書きました。事件については、名越の新書のほか、直木賞作家・西木正明の『丁半国境』(文藝春秋)をお薦めします。

第3章　樺　太　75

コラム 「悔いなき命をひたすらに」

　岡田嘉子は奔放な恋愛遍歴、この大脱走、杉本の処刑、30 年ぶりの一時帰国などなど、波乱万丈の生涯を送りました。帰国に際しては、11 歳若かった、元日活スター滝口新太郎（1913 〜 71）の遺骨を抱いていました。2 人は、1936 年 1 月、大阪中座での「己が罪」で共演、滝口は岡田の子ども役を務めたのでした。滝口は関東軍の応召兵だったのですが、シベリア抑留となり、ソ連側に転じて、ハバロフスクの日本語放送局でアナウンサーになりました。岡田がモスクワ放送日本語課に勤務していることを知り、50 年、モスクワへ転勤後岡田と結婚したのですが、71 年 10 月 24 日肝硬変のため死亡したのでした。

　岡田は 72 年に一時帰国し、クイズ番組やバラエティ番組等に出演もしました。2 人の遺骨は都下の多磨霊園に納められ、墓石には「悔いなき命をひたすらに」と彫られています。ほかにも、名越は岡田と深い付き合いのあった男として「旅興行中に関係し、一児までもうけた服部義治」、「『出家とその弟子』で共演した山田隆弥」、「日活映画『椿姫』ロケ中に駆け落ちし、入籍した竹内良一」を挙げ、杉本良吉、滝口新太郎と続けて書いています。

ソ連軍の南下で迎えた終戦

　50 度線付近の夏場は湿潤で、車両や重砲の運搬に適さず、日本軍の激しい抵抗にあってソ連軍は苦戦しましたが、西岸（日本海側）の真岡（現・ホルムスク）を艦砲射撃した上で、上陸しました。

　戦闘は、8 月 15 日の玉音放送後も続いていました。真岡郵便局の電話交換手(電信電話も管轄)は、緊急避難や北海道へ疎開をすることなく、勤務を続けていました。20 日、ソ連軍が上陸すると、勤務中の女性電話交換手 12 名のうち 10 名が局内で自決を図り、9 名が亡くなりました。ほかに勤務していた局員や、不在の職員からも、ソ連兵による爆殺、射殺による死者が出ており、真岡郵便局の関係者は計 19 人が死亡しまし

た。

　松山善三監督の映画『氷雪の門』をはじめ、金子俊男『樺太1945年夏 ── 樺太終戦記録』（講談社）や川嶋康男『「9人の乙女」はなぜ死んだか？　樺太・真岡郵便局電話交換手集団自決の真相』（同）なども真実を知るうえで、参考になります。

　また、稚内市内の樺太を臨む稚内公園には慰霊碑「殉職9人の乙女の碑（9人の乙女の像)」が建立され、市立博物館には関係の常設展示がなされています。

　1968年9月5日、昭和天皇と香淳皇后は同市を訪問し、9人の乙女の像の前で深く頭を垂れられました。後日、宮内庁より、その時の感銘を託した和歌が公表されました。

　　　　御製　樺太に　命をすてし　たをやめの
　　　　　　　　心を思へば　むねせまりくる
　　　　御歌　樺太に　つゆと消えたる　乙女らの
　　　　　　　　みたまやすかれと　たゞいのりぬる

　終戦当時、南樺太在住の日本人はざっと40万人いました。1946年2月2日、ソ連最高会議幹部会は、1945年9月20日に遡り、南樺太と千島の不動産の国有化が決定し、翌47年2月25日に同最高会議は、南樺太のソ連領編入を正式に決定しました。そして、ソ連の占領下で生活することになった日本人は、原則として帰還を許され、千島からは別所一家も引き揚げましたが、前述のように、そのまま職場にとどめられた人もいれば、朝鮮系の人は離島が許されませんでした。

　残留者たちにとって、安全な帰還がいつ行われるようになるのかの不安は大きかったです。生活面で困ったことは、白米です。樺太では、米の生産ができず、内地に頼っていたのですが、日本からの米の移入がストップしたことが何よりも辛かったと言います。

　米ソ両国は、11月27日には「引揚に関する米ソ暫定協定」、12月

第3章　樺　　太　77

19日には「在ソ日本人捕虜の引揚に関する米ソ協定」が締結され、サハリンと千島地区からの引き揚げが開始し、49年7月の第5次引き揚げまでに樺太からは29万2,590人が引き揚げることができました。

56年の「日ソ共同宣言」締結による国交回復で、それまで残留していた日本人技術者や熟練労働者約800人と、その朝鮮人家族約1,500人が日本に集団で帰還できました。

「サハリン墓参」が認められたのは敗戦から20年後、65年になって、ようやくかつての「島民」がサハリンを訪ねられるようになりました。

85年のゴルバチョフ政権はペレストロイカ（大改革）を掲げ、88年にはサハリンの外国人立入り禁止が解除され、ビザを取得しての入域が認められるようになりました。また、90年には300人を目標に残留日本人の一時帰国事業も始まり、離散家族の再会が行われるようになりました。

日本が樺太を放棄したのはサンフランシスコ講和条約（1951）によるものでした。

厳密にいえば、その帰属先は成文法的には指定がないまま、文部科学省の小学校教科書検定では、今でも、北緯50度以南の旧日本領部分を帰属未確定地域という意味で白くして、ロシア領とはしないように指導しています。他方、外務省は98年、ユジノサハリンスク（旧・豊原）に総領事館を開設し、当該地域が事実上のロシア領であると認めています。筆者はその開館式に参加しましたが、開設に疑問を持つ人が複数いたのが印象に残っています。

樺太在住の日本人と朝鮮人のことについては、大沼保昭東大教授の『サハリン棄民―戦後責任の点景』（中公新書）を、また、樺太出身の芥川賞作家・李　恢成の『サハリンへの旅』（講談社学芸文庫）は全体を知る上で役立つように思います。

戦後も樺太に残留した日本人

　樺太は第二次世界大戦の最終段階で、未だ日ソ中立条約の有効期間であったにもかかわらず、ソ連軍の侵攻に遭遇しました。当然、日本軍も第88師団を中心に激しく抵抗しましたが、軍命令により、1945年8月22日に、日本軍は抵抗をやめ、武装解除となりました。

　その際、日本人は内地への帰還を認められましたが、13もの製紙工場を持っていた王子製紙（通称：大王子製紙）をはじめ、技術系職員を中心に、大勢が留め置かれ、中には、数年間工場勤務を強いられた人もいます。河毛二郎（1918 ～ 2004）もその1人です。1980年代には、同社の社長・会長を歴任したのですが、敗戦を樺太で迎え、3年ほど、ソ連体制下の同地に抑留されてパルプや紙の生産に努め、1980年代以降には、日ソ（露）経済委員会極東部会長などとして、両国の経済関係の発展に尽くされました。

　生前何度か、謦咳に接する機会がありましたが、今では、著書『紙は生きている』（トランスアート）ほかで偲ぶほかありません。

　また、大正初期には、櫻井久我治という方が樺太の王子製紙で活躍されました。この方は、日露戦争の劈頭、海上で捕虜となった少佐で、メドヴェージ村（サンクトペテルブルクの南約230km）の収容所で、約1,800人の日本人捕虜を代表する立場の1人として過ごした方です。士官学校、陸大を出て、参謀本部勤めをし、ポーツマス条約での講和後は、免職となった悲運の人です。ご関心のある方は、拙著『捕虜たちの日露戦争』（NHK出版）で詳述していますので、ご参照ください。

　敗戦後、サハリンに残留した日本人はソ連崩壊後、樺太残留日本人会を立上げ、ユジノサハリンスクの街中に事務所も構えており、伺ったこともあります。過酷な境遇を生きてきたその人たちをずっと追いかけている、1985年生まれの若い友人がいます。後藤悠樹君です。『サハリンを忘れない──日本人残留者たちの見果てぬ故郷、永い記憶』（DU

BOOKS）は、プロとしての後藤君のカメラ技術と、ライフワークとしてこのテーマを掲げている情熱とが相まって、質の高いノンフィクションになっています。

　王子製紙の工場は2つほどが90年代の終わりまで、サハリンで操業していました。

樺太に強制残留させられた朝鮮系の人たち

　南樺太は戦後、サハリンと名を変え、約40年ぶりにソ連の統治するところとなりました。しかし、ロシアで大 祖 国 戦 争とよばれる対独戦争で、2,000万人を超える人々を失ったソ連は、労働力の不足に悩まされ、機関車やトラックの運転はもとより、工場や土木関係でも女性の就労が目立っていました。

　サハリンでは産業が破壊されたウクライナや中央アジアから人々が移住して来ましたが足りず、日本統治時代に朝鮮半島から移住した人々が、戦後もその地にとどまることを強要されました。2万3千〜3万人といわれています。この人たちは日本時代に強制的に連れてこられた人たちではありません。多くは「一旗組」といわれる、「樺太に行って一儲けして来よう」という人や、結婚のために渡った人たちです。

　なんどか会議の通訳を依頼したCさんに至っては、「青雲の志を抱いて京城（ソウルの日本時代の呼称）から東京の大学に入り、夢を追って樺太勤務を希望しました。それまでに、教育は全部日本語で受けましたから、妻とは今でも毎日、日本語で話しています。ロシア語より、朝鮮語より、やはり毎日使ってきた日本語が一番です」と言い、「共産主義体制の変化を受けて、これからは朝鮮人たちも勝手にいろいろ自立していくでしょう」と述べていました。以前の朝鮮系ロシア人は日本語をよく解していましたが、今の若い世代はほとんどロシア語しか話せません。

第4章　千島列島

「千島の奥」を開拓した幸田露伴の兄・郡司成忠

　各地へ雄飛した先人には、それぞれの島で決定的な役割を果たした先駆者がいろいろいます。北から見ると、千島列島の最先端・占守島についは幸田露伴の兄・郡司成忠（1860～1924、最終軍歴・海軍大尉）と白瀬矗（1861～1946、最終軍歴・陸軍輜重兵中尉）がいます。1892年、千島列島の調査の一環で、明治天皇の片岡利和（1836～1908、土佐藩士・源馬、男爵）侍従らが上陸して、巡察したこともあります。占守島における片岡調査団の根拠地は「片岡浜」と命名されました。

　翌1893年3月20日、郡司以下、約80人の報効義会会員（白瀬を除くほとんどが海軍出身）は盛大な見送りを受け隅田川から、5隻のなんと手漕ぎボートで旅立ちました。

1893年3月20日、手漕ぎ船で隅田川を発つ、報効義会の会員たち

　その中には後に南極探検で有名になった白瀬も加わっていました。一行は暴風雨による遭難で19名の死者を出しながらも千島列島を歴訪。捨子古丹島に9名、幌筵島に1名の隊員を越冬隊として残し、郡司・白瀬ら7名は同年8月31日に最終目的地である占守島に到着したのでした。

翌 94 年 5 月、幌筵島の一人が壊血病で亡くなり、さらに 6 月にその北の占守島へ寄港した軍艦「磐城」からは「捨子古丹島の 9 名の内 4 名死亡、5 名行方不明」という報せがもたらされました。そして郡司は軍からの強い要請により、「磐城」に乗って帰還することになったのです。このとき、郡司の父・幸田成延が、事業の継続の意義を述べ、自分が占守島に残ることを主張。郡司は白瀬も残留することを要望したのです。

郡司成忠（左）
白瀬　矗（右）

　白瀬ら 5 人が越冬しましたが、それは過酷なものでした。白瀬を含む 4 人が壊血病に罹り、白瀬以外の 3 人は死亡したのです。壊血病に罹患しなかった 2 人のうち 1 人はノイローゼとなり、白瀬も病気によって体力が低下し、食料の調達ができず、やむなく愛犬を射殺してその肉を食べて飢えを凌いだほどでした。白瀬ら 3 人は翌年 8 月に救助されましたが、越冬の過酷さ、越冬のためとはいえ、軍人として日清戦争（1894 〜 95）に従軍できなかったことへの慙愧の念などから、白瀬は郡司父子を恨むようになり、以後、郡司と白瀬の仲は悪化したのでした。1895 年、全員退去するも翌年、片岡浜に 57 名による本格的な入植が図られました。その後、別所佐吉（1863 〜 1935）らが積極的に開拓にあたりました。ラッコ、紅狐の狩猟や夏場の野菜、芋づくりで生活を維持しました。

　1896 年佐吉は妻子とともに占守島に渡り、原生林を開拓し、農業や

漁業、冬場は狩猟などに従事しました。最盛期の1903年には、占守島には170人（男100人、女70人）もが定住していたようです。しかし、過酷な居住環境にあって、日露戦争をめぐって仲間割れが起こったりして次々と離島する者が出、08年以降は佐吉一家の7人のみとなりました。

　一部の人たちは日露戦争に際し、カムチャツカ半島に「敵前上陸」を試み、即日、捕虜になったりもしました。

　その後、一家は、室蘭に引き揚げましたが、佐吉は単身、島に戻ります。しかし、1935年に72歳の佐吉は猟銃自殺しました。巨大な水産業者が次々とやって来て、当時は2,000人もが蟹工場など水産加工場で働いており、資源の枯渇に抗議してという見方もあります。

　死後、占守島には幸田露伴の碑文による追悼碑が建立されたと伝わっています。佐吉の苦労を継いだのは次男・二郎蔵です。著書『わが北千島記──占守島に生きた一庶民の記録』（講談社）によれば二郎蔵は、1907年1月、父・佐吉と母・タキの次男として占守島で生まれ、高等小学校の一学期だけで、以後は島で独学、現在の大検（大学入学資格検定）に相当する「専門学校入学者検定試験（専検）」を突破した人で、大変な博学だったと伝わっています。別所二夫編『回想の北千島──別所二郎蔵随想録』（北海道出版企画センター）を見ても、さまざまな分野についての観察力や並外れた工夫の様子が記されています。

　最終的には1945年8月18日（「玉音放送」の3日後）、ソ連軍の爆撃と艦砲射撃にさらされつつも、第91師団（師団長＝堤不夾貴中将）が応戦、ソ連側に2千人以上の死傷者を出し、日本側も約600人の将兵が死傷したのですが、別所家の数名は21日の停戦後まで同島に滞在したのでした。

　郡司の渡航や報効義会については、寺島柾史の『開拓者　郡司大尉』（大空社）や直木賞作家・豊田穣の遺作『北洋の開拓者──郡司成忠大尉の

堤不夾貴中将（左）
ソ連による武装解除を受ける日本軍将兵（幌筵島）（右）

挑戦』（講談社）に詳しく描かれています。また、終戦間際のことについては、浅田次郎『終わらざる夏』（2010 年の毎日新聞文化賞受賞作品）をお薦めします。読みごたえのあるミリオンセラーになりました。

コラム　最初の英語教師となったマクドナルドが「漂着」

　1848 年といいますから、ペリー来航の 5 年前の夏のこと。カナダ生まれの青年ラナルド・マクドナルド（1824〜97）が、米国の捕鯨船で近づき、漂流民を装って、利尻島に上陸したのです。自身はスコットランド人とネイティブ・アメリカンの混血のため、米国では差別されることも多く、似た容貌の人がいるらしいと知った日本へ行ってみようと試みたのでした。役人たちからは不法入国者として扱われますが、その従順さや礼儀正しさが買われ、定めにより長崎に送られた後、踏み絵もこなし、通詞（オランダ語の通訳）・森山栄之助たち 14 名との交流が始まりました。マクドナルドが日本語を覚えようとしていることを知り、森山は牢格子を挟んでの交換教授方式で英語を指導してもらうことにしました。ネイティヴによるわが国初めての英語の指導でした。

　半年後、マクドナルドは「Soinara」（さよなら）と言い残して、漂流者を引き取りに来航した米艦プレブルに引き渡されますが、森山は、その英語力が買われ、1853 年のペリー来航の際に活躍し、「立派な英語を話す人物」と

して高く評価されました。その後も重用され、日米修好通商条約の交渉等で活躍したのでした。

マクドナルドは『日本回想記　インディアンの見た幕末の日本』村上直次郎編、富田虎男訳訂（刀水書房）を遺していますが、エヴァ・エミリ・ダイ『英学の祖　オレゴンのマクドナルドの生涯』鈴木重吉・速川和男訳（雄松堂）は大いに参考になりますし、吉村昭『海の祭礼』（文春文庫）、今西祐子『ラナルド・マクドナルド　鎖国下の日本に密入国し、日本で最初の英語教師となったアメリカ人の物語』（文芸社）は読み易い書として推薦できます。

R. マクドナルド（長崎市の諏訪神社前にある顕彰碑から）

コラム　千島北端からの民族移動

　1875年、全千島を得た日本は、84年、千島最北端地域のニブヒ（ギリヤーク）人たち97人を色丹島に強制移住させました。カムチャツカ半島とさまざまな交流をしていたことが日本の安全保障を脅かすということからです。正確な数は分かりませんが、逆に、カムチャツカ半島に渡ったニブヒ人もかなりの数に上ったようです。北での漁労生活から、色丹島では漁業や蟹工場で働く生活に転じ、苦労を重ねたと伝わっています。

19世紀は「露寇」で始まった

　ロシア人は再々樺太や今の北方領土方面に進出して、住民との衝突を

繰り返しました。

このため幕府は1807年、東北各藩を北方警備にあたらせ、「ロシア船打払令」を公布したのです。

1785年と91年、幕府は普請役の最上徳内らをこの方面に派遣して、調査にあたらせました。徳内は国後島、択捉島、さらに得撫島にも上陸して、ロシア側の動静を克明に調査し、同島以北の千島諸島の情勢も聴取し、幕臣・近藤重蔵（1771〜1829）の配下になり、89年（たまたまフランス大革命の年）、商取引や労働環境に不満を持ったアイヌが国後島を中心に蜂起する「クナシリ・メナシの戦い」に際しては、その沈静化にも関わりました。

外務省『われらの北方領土』2017年版より

重蔵は江戸駒込の生まれ。長崎奉行、支配勘定を経て関東郡代付出役などを歴任。98年に蝦夷地御用を命じられ、高田屋嘉兵衛に、国後から択捉間の航路を調査させました。また、自らも両島などを探検し、幕府に北方調査の必要なことを訴える意見書を提出して、松前蝦夷地御用取り扱いとなりました。同年、老中・戸田氏教が大規模な蝦夷調査を企図し、徳内は7度目の調査に向かい、択捉島のタンネモイ近郊のリコツフに「大日本恵登呂府」の木製標柱を建て、択捉島が日本の領土であることを明らかにしました。

標柱「大日本恵登呂府」の変転

　近藤は、1803年、譴責により小普請方となりましたが、07年の「文化露寇」に伴い、松前奉行出役に復帰となり、5度目の蝦夷入りとなりました。その際、利尻島や現在の札幌市周辺を探索しました。江戸に帰任するや、第11代征夷大将軍・徳川家斉（1773～1841、在任：1787～1837年）に御目見を許される。家斉は子どもを55人も設けたことで有名ですが、この将軍は政治家としても平均点以上であったらしく、近藤が、札幌地域の戦略的重要性を説いたのを十分理解し、その後の札幌発展の先鞭を開くことにつながったのはこの将軍だったことにもよるといわれています。

　幕府は、近藤の報告に基づき安全保障の見地から、千島、樺太を含む蝦夷地を直轄地として統治することとし、1798年、規模の大きな巡察隊をこの地方に派遣しました。このとき、近藤は最上とともに国後、択捉両島を調査し、択捉島に「大日本恵登呂府」の標柱を建てています。

　ところで、2年後の1800年、近藤が、水戸藩士・木村謙次、高田屋嘉兵衛らとともに再び択捉島に渡ったときのことです。北端のカムイワッカ岬に行くと、ロシア人が「十字架」を建ててあったのです。これが領有を示すためのものなのか、単に信仰のしるしとしての十字架なのかは不明でしたが、とにかく、これを引き倒し、あらためて木製の「大日本恵登呂府」の本格的な碑を建てたのでした。字は木村の筆になるものと伝わっています。十字架を倒した事実も学術的に論証する資料はありません。

　近藤は、その後も幕命によって北海道各地を訪問し、その事情を明らかにするとともに『海防論』により、北方警備について提案しています。このほか『辺要分界圖考』を著すなどし、当代一流の学者となり、さらに『金銀図録』『外藩通書』など財政経済、国防、地理などに関する数多くの著作を刊行しました。しかし、晩年、その子・富蔵が邸の敷地争

第4章　千島列島　87

いで町民7人をも殺害する事件（後述）を起こし、富蔵は八丈島に流罪、連座した父・重蔵も近江・大溝藩預かりとなり、病没しました。

1859年、標柱の痛みが激しく、幕府の指示により、島の警備をしていた仙台藩士たちが「大日本　地名　アトイヤ」と書き改め、標柱を建て直しました。最初の標柱から61年経過していますから、かなり傷んでいたと思われます。アトイヤはアイヌ語で「海・岸・渡り口」の意味で、国後島北端の地名でもあるようです。

近藤重蔵が択捉島に建立した碑に由来する1930年建立の標柱（左）
樺太千島交換条約の実務を担当し、「大日本　地名　アトイヤ」の碑を持ち帰った時任為基（右）

1875年8月、樺太千島交換条約を締結する際に、外交官（五等出仕の理事官）として露都サンクトペテルブルクに赴いたのが時任為基（ときとうためもと）（1842～1905）。樺太を引き渡し、千島を得るための儀式や手続きのため、函館から日進艦に搭乗してカムチャツカに着いたのはいいのですが、帰路暴風雨に遭って難航しました。さらに根室より乗船、占守島で交換式を行いました。そして翌年、再び、千島を視察して、得撫島以北（うるっぷとう）（千島）が日本領となったので、標柱の意味が消えたと、「大日本　地名　アトイヤ」の国標を択捉島から持ち帰ったのです。

時任はあまり著名ではありませんが、薩摩藩の出身で、この後は内務官僚として、開拓使関連の仕事で札幌や函館でも勤務しています。さらに、宮崎、高知、静岡、愛知、大阪、宮城の各府県知事を歴任、元老院議員や貴族院勅選議員にも任じられた人です。

時任が持ち帰ったこの標柱は現在、函館市の中央図書館に所蔵され、また、札幌の「北海道開拓記念館」に模造品（コピー）が陳列されています。

　その後、1930 年、択捉島の蘂取村に、花崗岩の標石で「大日本恵登呂府」の碑を再建したのですが、択捉島を占領したソ連軍は 1947 年、標石を破壊したと伝わっています。

　会津藩は 1808 年 10 月から翌年にかけて樺太から帰還しました。しかし、帰路の途中に嵐に遭い船が難破、一部は離島である天売島、焼尻島へ避難しましたが、51 名の死者を出しました。現在、宗谷岬の北端には会津藩士の墓と句碑が建てられています。また利尻島、焼尻島にも会津藩士の墓があります。

　後に墓を訪れた松平勇雄福島県知事（元参院議長、最後の会津藩主・松平容保の孫）が

　　　　たんぽぽや会津藩士の墓はここ

という句を捧げています。また、会津藩の樺太出兵を描いた絵巻『会津藩唐太出陣絵巻』が見つかっています。

　2008 年は会津藩の北方警備から 200 年にあたり、若松城天守で 7 月 4 日から 8 月 24 日まで「北方警備二百年記念展」が開かれました。

コラム　2018 年に日本の国土が小さくなった？

　2018 年 10 月 31 日の各紙は「小島が消えた？　領海狭まる恐れも、海保調査へ」（毎日新聞）、「猿払沖の小島が消えた」（北海道新聞）などと伝えています。

　なぜかというと、北海道最北端の稚内市の東南に接する猿払村の沖約 500m にあった「エサンベ鼻北小島」が海面から見えなくなっているのです。地元住民からこの知らせを聞いた、小樽の第 1 管区海上保安本部が「雨風や流氷の浸食で消失した可能性がある」として、本格的な調査を始めたのです。

第 4 章　千島列島　89

同本部（一管）によると、1987年に測量したときには、島は平均潮位の
ときに海面から1.4mあったそうです。国連海洋法条約では、島は高潮時で
も水面上にある、つまり、常時水面から出ている土地と規定されています。
猿払村漁協によると、「波や流氷による浸食で消失した可能性があり、現在
は海岸、海上のいずれからも目視で確認できません。ただ、海図には島があ
ることになっているので、漁業をする人たちが付近を航行する際には、岩礁
があることを想定し迂回しています」。
　もし、消滅していたら、日本の領海が狭まる恐れもあるのです。この「島」
は領海の範囲を決める基点となる離島につき、日本への帰属を明確にしよう
と、2014年に国土交通省が名前を付けた158の無人島の1つなのです。

第5章　東京都の島々と南洋の委任統治領

「伊豆七島」、今は8つの島

　　　箱根路をわが越えくれば伊豆の海や　沖の小島に波のよる見ゆ

　　　おほ海の磯もとゞろに寄する波　割れて砕けて裂けて散るかも

　どちらも、源実朝（1192 〜 1219）が『金槐和歌集』に遺した有名な歌であり、スケールが大きく大好きな歌です。「沖の小島」が今なら熱海から高速船で 30 分という初島だというのが定説です。しかし、いくらなんでも「沖の小島」の波までは実際には見えないのではないでしょうか。いずれにせよ、実朝が見た「沖の小島」は、初島か「伊豆七島」のうち、大島になります。筆者は、むしろ、歌人としての優れた感性からのイマジネーションでうたったのではないかという気がします。

　ところで、「伊豆七島」と言っても、それは人が居住する主な島が7つだったということ。すなわち、伊豆大島、利島、新島、神津島、三宅島、御蔵島、八丈島の7島であったことに由来する呼称です。実際には、この7島の他に、青ヶ島、そして明治以降定住が進んだ式根島の2つの有人島があります。逆に、1960 年代に無人島となった八丈小島もあれば、ある時期には定住者がいた鵜渡根島、鳥島もあります。

　新島と式根島は江戸時代中期までは砂州でつながっていたので、式根島は数えられていなかったのです。その砂州は 1703 年の大地震（元禄地震）の大津波で新島と式根島に切り離されて、今は8つです。「伊豆七島」は 1878 年までの 10 年間に、帰属が相模府（現・神奈川県）、韮山県（現・静岡県）、足柄県（現・神奈川県）、静岡県と変わり、軍事上の重要性や伊豆諸島の経済が東京に結びついていたこともあり、最後に東京府（現・東京都）に帰属することになったものです。現在は東京都の有人島は 11、東京都議会では島嶼部全域で都議1名を選出し、衆議院の小選挙区では品川区や大田区北西部とで東京都第3区を構成し、自

動車のナンバープレートは「品川ナンバー」が交付されています。

　小笠原諸島でも珍しいのが西ノ島。噴火を繰り返す無人島です。1702年、スペイン船・ロザリオ号が発見し、「ロザリオ島」と命名、100年後の1801年にはイギリスの軍艦ノーチラス号によって「ディサポイントメント（失望）島」と命名されました。1854年、前年に父島に来航したペリー艦隊のサスケハナ号が琉球に戻る途中に測量し、「ディサポイントメント島はロザリオ島と同一の島」であると報告しています。

　2000年代以降、特に噴火が激しく、島の形状もとても流動的です。専門家による調査団が安全と雑菌や外来生物が入らないようにと細心の注意をはらって、派遣されています。

宇喜多秀家の子孫が今も八丈島に

　八丈島には、縄文時代に人が住んでいたことが、湯浜遺跡や倉輪遺跡から確認されているのだそうです。平安時代に伊豆大島へ流罪となった源　為朝（1137〜1170？）が八丈島小島で自害したという伝説があります。剛勇無双を謳われた為朝が、伊豆七島を領有したことは確かなようですが、自害したかは判然としません。庶子であった二郎丸が生き延び、のちに源頼朝から、戦さの功績が認められ、領地として八丈島を与えられたと伝わっています。

　歴史的に確認されている八丈島への流人第一号は、関ヶ原の戦い（1600）で石田三成方の西軍に属した宇喜多秀家（1572〜1655）です。備前岡山城主で、57万4,000石、「五大老」の1人として秀吉を支えた大名でした。28歳で迎えた関ヶ原の戦いに敗れ、薩摩の島津家に逃れました。そこで、正室・豪姫（利家とまつの四女）の実家である加賀・前田家と島津家の要請で死罪を免れ、八丈島へ流刑となったのでした。秀家34歳のときでした。愛妻・豪姫とは生き別れとなりましたが、姫は、配流になった2人の息子に世話役（乳母）を付け、前田家は2年に一度、

宇喜多秀家

米70俵、金銀、衣類・雑貨・医薬品などを、幕末まで八丈島へ送り続けました。

　八丈島には今も秀家の血を引く子孫がいて、いつのときからか姓を「浮田（うきた）」とし、秀家の墓所を守っているそうです。

　最近はテレビの影響でずいぶん共通語化したようですが、八丈島には関西の言葉の名残があると聞きました。多くは公家言葉に近いのですが、秀家の所領であった岡山の方言に似ているものも少なくないそうです。2009年、国連教育科学文化機関（ユネスコ）から危機に瀕する言語と指定されました。ちなみに、韓国の済州島（チェジュド）は新羅（シンラ）時代からの流人の島だったところで、首都のあった慶尚南道（キョンサンナムド）・慶州（キョンジュ）の言葉に通じるものが多々あるそうです。

近藤重蔵の長男・富蔵の人生

　八丈島には、今一人、配流された、著名な人物がいます。近藤富蔵（1809〜1887）、つまり、北方領土をはじめ、蝦夷各地を調査し、巡察した近藤重蔵（1771〜1829）の長男です。重蔵はその功績もあって、今の渋谷区代官山と恵比寿（えびす）駅の中間あたりに、広大な土地を持ち、富蔵に管理させていました。富蔵はミニ富士山のようなものを構築して、人気を博していましたが、1826年、隣家と境界争いをした挙句、隣家

の妻子を含む一家7人を殺害してしまいました（鎗ケ崎事件）。しかし、これも父親の功績でしょうか、死罪を免れ、八丈島へと島流し。以後、53年もの間、島で流人としての日々を送りました。また、親としての責任を問われた重蔵は近江・大溝藩預かりの身となり、最晩年の3年間を送りました。

近藤重蔵（左）
近藤富蔵（右）

　富蔵の赦免はなんと1880年、明治政府によるものでした。しかし、富蔵はこの間、八丈島をさまざまな角度から研究し、『八丈實記』（緑地社から全集）としてまとめました。これは地理、沿革、貢税、土産、船舶などテーマ別に編纂されたもので、内容も充実しており、民俗学者・柳田国男は富蔵を「民俗学研究の草分け」と評価し、東京都はこれを都の文化財に指定させ、井伏鱒二は『青ヶ島大概記』（筑摩書房）としてまとめています。

　また、吉村昭の『漂流』（新潮文庫）は、野村長平ら鳥島への漂着者を題材にした小説ですが、彼らが青ヶ島を経由して生還した地が八丈島であり、五カ村四千戸が地役人を中心にまとまって、本土との連絡も緊密に行われている様子が描写されています。

八丈小島は無人化へ移行したモデル

　今の日本、全国の離島の中には急速な人口減で町村の維持が難しく

なってきつつある島がいくつかあります。伊豆七島の1つ八丈島に、まるで親子のように近接して存在する八丈小島もその1つでしたが、1964年の東京オリンピックのころから過疎化が急速に進み、69年までに住民全員が八丈島町に移住し、無人化しました。とはいえ、その後、映画「バトルロワイヤル」のロケが行われたり、スキューバダイビングや磯釣りの人気スポットとなり、愛好者は八丈島から漁船で渡って楽しんでいます。ただし、夜間に緊急事態が起きても救助することができないことから、夜間に滞在することは禁止されています。

　八丈小島は八丈島と同じ様に流刑地だったこともあります。周囲9kmという小さな島ですが、江戸時代から鳥打、宇津木の2村があり、最盛時には、島民は500人ほどになっていたそうです。しかし、1947年の地方自治法施行当時、鳥打村の人口は100人強まで減り、それでも村議会がありました。宇津木村は人口が50人程度に減っていたため、日本でただ1つ、議会がなく、村民全員で物事を決める直接民主制が実施されていました。

　1954年10月1日、新たな町村合併促進法により、八丈小島の鳥打村と八丈島の4つの村が合併して、八丈村となり、半年遅れて宇津木村と八丈島の八丈・大賀郷両村が合併して八丈町となりました。しかし、八丈小島の過疎化と高齢化は止まりませんでした。コメもほとんど入手できず、サツマイモとサトイモが主食でほぼ自給自足、医療、水道、電話がないという生活の不便さ、子弟教育への不安などから、ついには全島民移住が現実的に検討されていったのでした。

　そこで、1967年、八丈町から東京都に対し「八丈小島の全員離島の実施に伴う八丈町に対する援助」の陳情が行われ、土地買収に関する住民との協議が成立し、69年年初よりこの協議に則っての離島が開始され、「全国初の全島民完全移住」として注目されました。6月には八丈小島の2つの小中学校は廃校となり、全島民が八丈本島への移住を完了

しました。牛やペットも引き連れ、新しい土地に家を再建することを想定して自宅の柱や壁を抱えて島を後にした家族もいました。

以来、50年を経た今でも、島内には学校などの跡や痕跡などが残っているそうです。

たまたま八丈小島の小中学校の教員だった人の中から、「名物教師」とでもいうべき人が2人出ています。児童文学者で教育評論家である漆原智良(うるしばらともよし)は八丈小島が無人島となってからも再訪するなど、八丈小島への愛着をベースに数冊の著作を上梓し、大川邦夫は予備校・河合塾で現代文の有名講師となりました。集団離島した旧島民たちは、離島から45年を経た2014年11月に八丈島に「八丈小島忘れじの碑」を建立し、島が語り継がれていくきっかけになればと望んでいます。漆原はその式典にも参加しました。

八丈島から八丈小島を臨む。最高地点は大平山(おおたいらさん)616.6m

　　五十世に暮らしつづけた我が故郷よ　今日を限りの故郷よ
　　　かい無き我は捨て去れど　次の世代に咲かして花を

これは「八丈小島忘れじの碑」に彫られた、鈴木文吉(ぶんきち)元鳥打村村長の詠になるものです。廃村、集団移住ということの辛さ、寂しさはいかばかりのものだったのでしょう。

「日本のハワイ」と言われた八丈島

　太平洋戦争の際には、連合軍の南方からの侵攻に備えるべく、八丈島は小笠原諸島が陥落した際の次なる防衛拠点とされていました。1945年春時点では民間人口を大きく上回る陸軍・海軍の守備隊が配置されていました。東日本では唯一の人間魚雷「回天」の基地も造られました。

　1944年7月以降、島民の本土疎開が進められ、人口の7割にあたる5,853人が、長野県軽井沢町などに疎開しようとしましたが、乗船した「東光丸」が米海軍の魚雷の犠牲となり、島民約60人を含む149人が死亡する悲劇も起きました。島は空襲にもしばしばさらされ、民間人11人が死傷しました。結局、八丈島での地上戦闘は起こらなかったものの、「防衛道路」や「鉄壁山」などに防衛拠点化の跡が今も遺っています。

　戦後の八丈島は観光産業が発達し、1960年代にはその温和な気候から「日本のハワイ」と呼ばれ、調布飛行場からの新婚旅行先としても人気が高かったのですが、海外旅行の制限が廃止され、為替レートがどんどん円高になり、本物のハワイが身近になった80年代以降、観光客は減少傾向にあります。ただし、現在でも観光客が年間10万人強訪れ、32億円強の経済資源。これが島にとって重要な産業であることに変わりありません。

欧米系が発見し、先住した小笠原諸島

　小笠原諸島（総面積106km^2）は父島、母島、聟島、硫黄島、西之島、沖ノ鳥島、南鳥島など約30の島が南北400kmに細長く点在しています。一般の住民が居住しているのは父島と母島のみで、合わせて3,000人程度です。島が孤立していることから「東洋のガラパゴス」とも呼ばれるほど、生物は独自の進化をしており、固有の生態系を持ち、ユネスコは2011年に世界自然遺産に指定しました。

島の歴史を振り返ってみましょう。1543 年、大航海時代にスペインの R.L. デ・ビリャロボスが小笠原諸島の一部を発見したというのが、小笠原諸島に関する最初の話です。ただ、西洋人が初めて小笠原諸島に上陸したのは 1702 年のこと。スペイン船 N.S. デル・ロザリオ号が西之島を発見し、これをロザリオ島と命名しました。

[コラム]　「小笠原」諸島命名の不思議

　1693 年、信濃国守護で戦国大名である「深志（松本）の城主・小笠原長時の曾孫、貞頼が発見したと伝えられる小笠原諸島」と東京都小笠原村の HP にはありますが、これは南方で３つの島を発見したとある、作者不明の写本『巽無人島記』の記事によるものです。しかし、この記事では父島が実際よりもはるかに大きく書かれ、オットセイが棲息しているなど亜熱帯の島ではありえない記述もあり、「信憑性は低い」とされています。第一、小笠原家に貞頼なる人物が実在したという記録がないのです。

　ところが、1722 年に浪人・小笠原貞任なる人物がその曾孫と称してトラブルを起こしました。「小笠原諸島は自分の先祖が家康の命を受けて探検航海に出て、1593 年に発見した島だ」との趣旨を述べ、幕府に所有認定と島へ訪問する許可を願い出たのが発端です。

　担当したのが、かの江戸南町奉行・大岡越前守忠相（1677 ～ 1752）。調べてみると、1593 年といえば、秀吉の朝鮮出兵（文禄の役）の年。漂着ならありえましょうが、探検している場合ではなかったし、関ケ原の戦いを経て 1601 年に征夷大将軍になった家康をすでに将軍と記載しているのです。そして年齢が、提出された家系図では数蔵の幼児になってしまうなどということから、大岡は公的にその主張が虚偽であると否定し、貞任に世を混乱させたということから、財産没収と重追放を言い渡したのです。

98

「此島大日本之内也」の標柱を建てた島谷市左衛門

　1639年、オランダ東インド会社所属の2隻の船が2つの無人島を発見し、今の父島をフラフト島、母島をエンゲル島と命名しました。艦隊の副官は、後に、今のタスマニア島（豪）とニュージーランド島、フィジー諸島へ最初に到達した欧州人となる、オランダ東インド会社（VOC）のアベル.J.タスマン（1603～59）でした。

　日本人が小笠原諸島に到達した記録は、1670年、長右衛門ら7人を乗せた蜜柑船の母島漂着が初。伊豆の下田に生還し、奉行所経由で、無人島があると幕府に報告したときのことです。この情報がもたらされて5年、1675年、幕府は松浦党の出身で、元は堺の朱印船の船頭だった島谷市左衛門（1606？～1690）を派遣しました。島谷は探検家とでもいうべき人物で、中国沿岸渡航の経験をもつ父・九左衛門のDNAか、貿易商の父に航海術を習い、オランダ流の測量術も学びました。1669年、長崎代官の末次平蔵の命で唐船を江戸へ回航し、75年、幕命により、中尾庄左衛門や大工の金衛門らを伴い小笠原諸島を探検したのです。

　航海術に長じ、36日間にわたって小笠原諸島を調査し、地名を命名し、「此島大日本之内也」という碑を設置したのです。一連の調査結果は、4代将軍・家綱にも披露され、以後、小笠原諸島は無人島と呼ばれました。「延宝無人島巡見記」を表し、その詳細な観察の答申は、幕末の領土問題や開拓・移民問題に大きな寄与をなしたとされます。

　この後の歴史は、英、米、仏の軍艦や捕鯨船が入り混じっての、小笠原への寄港でした。

　逆に、日本側の関心は決して高いものではありませんでした。1785年、林子平が『三国通覧図説』に「小笠原島」という名を記載していますが、その経緯は不明です。

　天文方・高橋景保も1810年の『新訂萬國全圖』に同様に「無人島」を記入しました。

第5章　東京都の島々と南洋の委任統治領　99

1840年、陸前高田（現・岩手県陸前高田市）の「中吉丸（なかよしまる）」が父島に漂着し、生存した三之丞ら6名は2カ月をかけて船を修理し、下総（しもうさ）・銚子に帰還するということがありました。

　1846年、出島のオランダ商館長J.H.レフィスゾーンが長崎奉行に対し、幕府が小笠原諸島の実効支配を行うよう忠告しましたが、特段、何もしないまま、黙殺されました。

　田中弘之『幕末の小笠原　欧米の捕鯨船で栄えた緑の島』（中公新書）をお薦めします。

セーボリーらハワイから30人が移住

　転換点となったのは、1830年6月26日、ナサニエル・セーボリー（1794～1874）ら白人5人とオセアニア系カナカ族の25人ほどがハワイ王国オアフ島から父島に入植を開始したことです。これらの人々はイギリスのチャールトンというホノルル領事の植民計画に乗り、文字通り、無人島だった父島に移住し、農業を営み、寄港する捕鯨船に水や野菜、家畜を売って生計を立てていました。

昭和初期のセーボリー家の人たち

　ちなみに、1853年、父島でマシウス・ペリー米海軍提督と応接したセーボリーの7代目の子孫が、今、小笠原村役場総務課長をしておられます。筆者は、1994年に、父島でお目にかかって以来、何度か接点が

あります。「初等教育は父島でしたが、ハイスクールはグアムに行って、英語で学びました。1968年の本土復帰後、日本語を懸命に学びました。アメリカ人の血は32分の1ですよ」と笑っておられました。

　本書の執筆にあたり、念のため、戸籍上「セーボリーか瀬堀か」と確認したところ、「わたしの名前についてですが、改姓はしておりません。セーボリー孝が正しい名前です」とのお返事をいただきました。「小笠原村の様子については、小笠原村観光局のホームページ https://www.visitogasawara.com/photolibrary/ から無料でダウンロードできますので、どうぞご覧ください」とメールにもあります。

　1853年、アメリカ東インド艦隊司令官ペリー提督は、父島をピール島と呼び、来日前、琉球を経由して、父島の二見港に寄港し、島民に牛、羊、山羊や野菜の種子を与え、石炭補給所用の敷地を購入したほか、3条13項から成る「ピール島植民地規約」を取り交わしました。そして、この規約に基づき、ピール島植民政府が設立され、ナサニエル・セーボリーが首長となり、4年後、モットレー一家が母島（沖村）に居住して、その指導者の立場になりました。

無人島に欧米人がいる!?

　徳川時代、日本が小笠原をなんら経営しないでいた間に、小笠原諸島には列強の船が次々にやって来ました。西、蘭、英、露、米などです。江戸時代末期になって、英、米、露の3国が領土権を主張して、自国の領土であることを示す表示板を建てたり、地図に記載し、外交官が主張したりということが続きました。

　幕府は、領有化を図り、調査や移住を試みました。しかし、諸外国が自国への編入を画策し、どうなるかわからない状況でしたが、複数の国が領有を主張したこと、外国人が Bonin Island（無人島）と呼んでいたことなどから、日本領になったという経緯があります。

次の絵は、沖村で縄遊び（大縄跳び）にきょうずる当時、父島に住んでいた欧米系の女性たちと見物人です。水野忠徳の一行に随伴した絵師・宮本元道が『小笠原眞景圖』として残したものの1つです。こういう世界が、つまり欧米人が外国語で生活する地域が、徳川時代おいて、本土に比較的近いところに存在していたということです。

ペリー提督は浦賀来航の前に父島に立ち寄り、当時盛んだった捕鯨のための薪炭の貯蔵地用として欧米系の住民から50㌶の土地を購入、ナサニエル・セーボリーを頭目として任命するなどをしています。

そのペリーが帰国後に上梓した『日本遠征記 Narrative of the Expedition of an American Squadron to the China Seas and Japan.』が、1860年に日米修好通商条約の批准書交換のため訪米した万延元年遣米使節団（正使・新見豊前守正興）に渡され、小笠原島に欧米人が定住していることが明らかになり、幕府は驚愕し、大騒ぎとなったのです。

そこで、翌61年に外国奉行・水野忠徳（1810～68）をトップに、小笠原島開拓御用の旗本・小花作助（1829～1901）らを、咸臨丸で父島に派遣、調査にあたらせ、阿部櫟斎を筆頭に、数人の本草学者（薬草研究者）が小笠原在住の異国人と交流し、その使用する医薬を学びました。

18世紀の中ごろの父島で大縄跳びにきょうずる欧米系の人たち。随行した絵師による

しかし、1862 年 9 月 14 日に起きた生麦事件（現在の横浜市鶴見区生麦で、薩摩の国父・島津久光の行列の前を英国人が騎馬のまま横切ったことから随行員が英国人 1 人を殺害した事件）とそれに起因する薩英戦争（1863 年 8 月 15 ～ 17 日）など、外国との関係が不安定になったため、わずか 10 カ月ほどで幕府の役人ともども島民を全員引き揚げさせました。それでも、セーボリーたち欧米系の人たちは、当然のように、島で生活を続けました。

　当時、アメリカが南北戦争（1861 ～ 65）のさなかであったことも、日本領有が大きなトラブルなしに達せられた一因かと思います。

　同じころ、ハワイの宣教師船であるモーニングスター号が南鳥島を発見。66 年には、フレデリック・ロースが母島（沖村）に居住するということもありました。

　1875 年 11 月、明治政府が小笠原の回収に本格的に取り組みました。76 年 3 月、明治政府は公式に小笠原諸島の日本統治を各国に通告し、島々は内務省の管轄となりました。また、これに基づき、日本人 37 名が父島に定住し、内務省の出張所も開設されたのです。

　77 年には、帆船による年 3 回の定期航路も開設されるようになりました。79 年、母島へ日本人 6 名が定住を開始しました。

　小笠原にとって、1882（明治 15）年は特別な年です。欧米系の島民が全て日本に帰化したのです。東京府出張所が行う、行政に協議権をもつ会議所を設置し、議員 15 人を公選しました。

中濱萬次郎と小笠原の深い縁

　小笠原諸島と特別な関係を歴史に遺しているのが、ジョン萬次郎（ジョン・マン）の名で知られる、土佐出身の中濱萬次郎（1827 ～ 98）です。1938 年に直木賞を受賞した井伏鱒二の『ジョン萬次郎漂流記』で一躍有名になった萬次郎ですが、最近では萬次郎の子孫がいろいろ書いてい

ます。萬次郎から直系4代目の中濱博の『中濱萬次郎 「アメリカ」を初めて伝えた日本人』、5代目の中濱京の『ジョン萬次郎』、萬次郎の三男・慶三郎の孫・中濱武彦の『ファースト・ジャパニーズ ジョン萬次郎』などは史料性が高い著書です。また、同じく子孫の中濱明がさまざまな新しい資料を駆使して描いた『中濱萬次郎の生涯』、津本陽、宮永孝、童門冬二などの作品も文章がすっきりしていてとても読みやすい本です。

ウィリアム・ホイットフィールド（左）
ジョン（中濱）萬次郎（右）

 萬次郎はいろいろなことで「日本で初めて」を経験しています。ネクタイをしたのも、列車や蒸気船に乗ったのも、銛を撃つ近代式捕鯨に携わったのも『ABCの歌』を紹介したのも日本人で初めてです。カリフォルニアがゴールドラッシュのころ滞在していたので、金の採掘にも携わっていますが、ここでは小笠原諸島との縁を見てみましょう。

 14歳の萬次郎は、アジ・サバ漁に出航する漁船に、雑事の手伝いのような立場で乗り込みました。乗組員は5名。ところが、この船は今の高知県の足摺岬の沖合で強風に吹き流され、無人島・鳥島に漂着し、わずかな溜水と海藻や海鳥を食べながら、耐えていました。143日目の1841年6月27日、5人は、アメリカの捕鯨船ジョン・ハウランド号によって偶然、発見され、救助されました。19世紀の初めころから日本の周辺では外国船が盛んにクジラ漁をしていました。特に、小笠原か

ら南鳥島にかけては英米両国の捕鯨船がたくさん押し寄せていました。萬次郎が助けられたのは米国の捕鯨船でした。

　しかし、当時の鎖国中の日本への帰国は危険であるとされ、アメリカへ向かいました。翌42年、ホノルルで4人は下船し、萬次郎だけが、アメリカ本土を目指すことになりました。これは、ウィリアム・ホイットフィールド船長（当時は妻を亡くした36歳）に萬次郎が気に入られたためとも、本人が希望したからともいわれています。

　やがて、船は船長の故郷であり、捕鯨の一大拠点である、アメリカ東岸北部のマサチューセッツ州ニューベッドフォードに帰港し、萬次郎は、この地で船長の養子となりました。同地で高等教育を受け、民主主義や男女平等など、新鮮な概念に触れる一方で、人種的な差別にも遭遇しました。卒業後は捕鯨船に乗る道を選び、50年5月に帰国を決意し、資金を得るため、折からゴールドラッシュに沸くサンフランシスコへ向かい、数カ月間、金鉱の採掘にあたり、それを元手にホノルルに渡り、土佐の漁師仲間とも再会、12月、上海行きの商船にこの仲間と、購入した小舟を載せて出航しました。

　1851年2月、琉球経由で薩摩に送られました。萬次郎は、藩の取調べを受けたのですが、当時の薩摩藩は開明藩主・島津斉彬の時代。一行を厚遇し、藩主自ら萬次郎に海外事情を質問しました。斉彬は萬次郎の英語・造船知識に注目し、後に薩摩藩の洋学校（開成所）で英語の指導者として招聘しています。

　その後、萬次郎は長崎奉行所で長期間尋問を受け、踏み絵を踏まされ、外国から持ち帰った文物を没収された後、出身地・土佐藩に引き取られました。そこで勤皇派として知られる参政・吉田東洋らにより、取り調べを受け、帰国から約1年半後、漂流から11年目にして、ようやく帰郷できたのでした。

　1853年、ペリーが浦賀に来たとき、萬次郎は抜擢され幕府から旗本

の身分を与えられ、軍艦教授所教授に任命されました。萬次郎は造船の指揮、測量術、航海術などを指導し、同時に英会話書『英米対話捷径』の執筆、『ボーディッチ航海術書』の翻訳、講演、通訳、英語の教授、船の買付けなど精力的に働きました。後に箱館に立てこもった大鳥圭介、洋学者・箕作麟祥などもこのとき、萬次郎から英語を学びました。

　1860年、萬次郎は万延遣米使節団の一員として、咸臨丸で太平洋を渡りました。船長である勝海舟は船酔いがひどく、萬次郎は代わってその任にあたり、サンフランシスコ到着後は通訳として活躍、帰国時には同行した福澤諭吉と共にウェブスターの英語辞書を購入し、持ち帰ったのです。

　翌61年には水野らの小笠原諸島調査に参加しました。萬次郎が、当時、小笠原に住んでいた外国人移住者たちとの面識があるために選ばれました。翌年以降、萬次郎は幕府の軍艦操練所教授、帆船「一番丸」の船長に任命され、さらにはこの船を使って小笠原諸島近海で捕鯨をしながら、その技術指導を行いました。

　時代が時代だけに、萬次郎は重宝されました。土佐藩からは士分に取り立てられ、66年には藩校「教授館」の教授に任命されました。明治維新期とそれ以降大活躍する後藤象二郎、岩崎弥太郎などはこのときの門弟にあたり、坂本龍馬も萬次郎の影響を受けて、世界観を変えたと言われます。また、藩命により後藤と上海へ赴き、帆船「夕顔丸」を購入しました。さらに、67年には、薩摩藩の招きで再び鹿児島に赴き、航海術や英語を教授しましたが、同年12月、倒幕機運が高まる中、江戸に戻りました。

　明治維新後の69年、新政府により開成学校（現・東京大学）の教授に任命されました。

　1870年、普仏戦争視察団として大山巌らと共に欧州へ派遣されましたが、このときは病を患い、ロンドンで待機しました。帰国の途上、恩

人の船長ホイットフィールドと再会し、また、ハワイにも立寄り、旧知の人々と会うことができました。

　萬次郎は武士階級ではなく漁民であり、少年期に漢籍などの学識を得る機会がないまま米国に渡ったため、口語の通訳としては有能でしたが、当時の日本の公文書は文語体であり、萬次郎は英文を文語体へ翻訳することが苦手だったとされ、翻訳によって、西洋の体系的知識を移入することが求められた明治にあっては、十分に能力を発揮する機会に恵まれなかったいう評価もあります。

コラム　今に続く小笠原と陸前高田の交流

　セーボリー孝（61）さんの名前を 2019 年 1 月 18 日付読売新聞で久しぶりに見ました。仲間と、180 年前の 1839 年、江戸に海産物を運ぶ途中に小笠原に漂着した中吉丸の船員と、当時、既にハワイから移住していた欧米系島民との交流を描いた絵本『アロウハ——中吉丸漂流記』を上梓し、この船の母港である、岩手県陸前高田市を訪問して絵本を届けたという記事です。小笠原村の人たちは東日本大震災で壊滅的打撃を受けた同市に義援金を送ったり、福祉施設に車いすを贈ったりもしました。漂流船が紡いだ縁の物語です。

小笠原開拓の父・小花作助

　小笠原諸島の開拓の先駆者に小花作助（1829 ～ 1901）がいます。作助は信濃国（現・長野県）木曽で、江戸幕府旗本の子として生まれました。当時の小笠原諸島はまだ日本領として確定しておらず、1861 年 6 月、幕府は駐日各国代表に小笠原諸島の日本領有を通告し、小花は外国奉行・水野忠徳に従って、萬次郎らとともに咸臨丸で調査に赴いたのです。欧米系やハワイから渡来した住民 71 人が住んでいました。

　そこでまず、住民に対して日本領であることを宣言し、今日、「旗立山」

と呼ばれる父島の二見湾からよく見える場所に「日の丸」を掲揚しました。日本の領土であることを示すために国旗が掲げられた最初の例といえましょう。

56歳の小花作助（1885年）

　水野らの内地帰還後も、小花は八丈島からの31名や新たに移住してきた30余名と共に、約1年半にわたり父島にとどまり、調査や開発にあたりました。しかし、生活維持の困難や天候の厳しさ、さらには前述した生麦事件（1862年9月）とその延長に起こった薩英戦争（63年8月）以来の英国との関係の難しさなどにより、幕府はいったん、全住民を引き上げることにしましたが、それを見た諸外国は小笠原諸島の領有権を主張し始めてしまいました。

　その後の作助は1865年、外国奉行・柴田剛中（貞太郎）が特命理事官として英仏両国に派遣された際に随行しましたが、外国への見聞を広めたほか、一行には、後に外交官になった塩田三郎、後にジャーナリストから政治家にもなった福地源一郎、後に慶応の塾長にもなった岡田摂蔵（岡田嘉子の祖父）らが加わっていたので、小花自身の人脈も拡充できました。翌年帰国して外国奉行支配調役、さらには町奉行支配調役となりました。

　維新後も幕臣出身ながら明治新政府にも仕えました。しかし、「このままでは小笠原諸島が外国に奪われてしまう」という危機感を強く感じ、

再度、島の開発にあたろうという気持ちを持ち続けていたようです。それがかなって、75年、「明治丸」で再び父島に渡り、翌年、内務省小笠原島出張所の初の所長となりました。そして、新政府もあらためて小笠原諸島が日本の領土であることを列強に通告したのです。

　以後、小花は3年にわたり父島に滞在し、欧米系島民の帰化を促進し、日本国籍を与え、名前も日本式の名前に変えるなど、小笠原の初期統治に尽力しました。

日本化した欧米系先住開拓者たち

　今回、電話でいろいろ教えてくださったのは、総務課IT推進係をしておられる上部修一さん。欧米系の一人で、ウェッブ家の家系につながる人です。「ほかにも野沢さんといっているゲーラー（祖父ノーマン・ゲーラーは昭和天皇が1927年に父島を訪問されたとき、小笠原の在郷軍人会を代表して拝謁）やワシントンさんがおります。ワシントン家は大平姓になった人が多いですが、木村、松澤といった姓になった人もいます。1968年に小笠原が本土復帰したとき、あらためて戸籍を整備するのにあたり、姓を自由に選ぶことができたのです」。

　小笠原諸島が正式に日本の領土となってから70年、綿花、サトウキビ、サンゴ、漁業など、それぞれの時代の主産業は変わりましたが、次第に人口が増え、太平洋戦争時には、7,000人の住民を数えるに至りました。

　戦前の小笠原には、南極探検の折、白瀬矗中尉一行が立寄ったり、姦通罪で収監された後の北原白秋が保養のため9カ月滞在したり、15歳のサトウハチローが父・紅緑の勘気に触れて "島流し" にさせられ、初めて詩作に取り組んだり、『李陵』の中島敦がパラオに向う際に訪問するということもありました。

第5章　東京都の島々と南洋の委任統治領　109

コラム　中国のサンゴ密漁船再び

　小笠原諸島近海は、「宝石サンゴ」といわれるアカ、モモイロ、シロサンゴが多く、特にアカサンゴは中国で高額取引されるようです。このため、2014年9月、EEZに200隻を超える中国漁船が押し寄せ、海上保安庁が厳しく取り締まり、罰金も高額にして、ようやく中国漁船の出没はほとんどなくなっていました。しかし、19年2月3日付読売新聞によると、いなくなったはずの密漁中国漁船が最近、数隻単位で見られるようになり、横浜海上保安部は2月2日、中国の漁船を2時間追走の末、中国人船長を「漁業主権法違反（立ち入り検査忌避）」容疑で逮捕しました。

　「高級魚のホウキハタやハマダイの漁場でもあり、地元漁協と海保の連携プレイで、安心した漁業ができるようにしたい」と小笠原漁協の佐藤匡男調整役が語っています。

硫黄島、正しくは「いおうとう」

　小笠原諸島の1つ、硫黄島は日本語では「いおうとう」と呼ぶのが正しいのです。旧島民やその子孫などからの要望に応え、この読み方で統一を図っています。しかし、欧米では、IWOJIMAが普通です。最初に呼んだ人の呼称が継承されたのでしょうか。富士山がFUJIYAMAと呼ばれるのと似ており、筆者は、幕末屈指の幕府の軍艦・富士山丸FUJIYAMA-MARUに由来するのかなと想像しています。

　小泉政権のころ、「小泉チルドレン」といわれた9人の国会議員とともに、厚木基地（神奈川県）から硫黄島に飛び、米空母艦載機の陸上離着陸訓練（FCLP）などを視察したことがあります。ケリー米第7艦隊司令長官が案内してくれたのですが、国会議員のなかに、「日米が戦争をしたことを知らなかった」と発言する人がいて、びっくり仰天。

　「じゃ、広島や長崎に原爆を落としたのは誰なんだ？」

　「あれは日本が中国でワルをしたから、中国の依頼を受けて米軍が原

爆実験したんですよ。ご存じないんですか？　２種類の原爆を試したんですよ。ドイツには落とさないで日本に２発とも使ったというのは人種差別ですよ」。

"ご高説"にケリー司令官と筆者は、「二の句」を継げませんでした。さすがにこの人の国会議員生活は１期だけ、次の選挙以降、永田町に戻って来ることはありませんでした。

民間人全員が本土へ疎開

　戦時中、小笠原諸島は首都・東京防衛の最後の砦でした。小笠原村の民間人は 1944 年末までに、日系、欧米系を問わず、全員、本州に疎開させられ、島々は軍人と軍属のみになりました。父島、母島など小笠原諸島はサイパン、硫黄島の次の「東京航空路」として日米両軍の要衝となり、厳しい戦闘にさらされました。

　この危機に備え 1944 年７月、軍人・軍属 825 人を除く 6,886 人（20 余人が事故死）が本土へ強制疎開となりました。44 年９月にはジョージ・Ｈ・Ｗ・ブッシュ中尉（後の第 41 代米大統領）らの搭乗機が父島からの高射砲で撃墜されるということもありました（116 頁参照）。

　とりわけ、45 年２月から１カ月余り、硫黄島では日米間の大激戦となり、厚生労働省の 2018 年の発表によれば、硫黄島での戦没者概数は約 21,900 人に上りました。内、今日までに本土に送還できた遺骨は 10,400 柱、未送還の遺骨は推計で 11,500 柱ということです。遺骨収集は引き続き行われていますが、ここでは未だ「戦後」は終わっていません。

　新藤義孝衆院議員（元総務相）の母方の祖父は、硫黄島の戦いにおける日本軍守備隊最高指揮官の栗林忠道陸軍中将（戦死後に大将）であり、新藤はその敢闘精神を継がんとして、常にその遺影を持ち歩いています。

　また、1932 年、ロサンゼルス五輪馬術競技障害飛越の金メダリスト・

西竹一中佐（戦死後に大佐。戦車第26連隊長、1902～45）も硫黄島での戦闘の末期まで奮戦し、戦死しました。

終戦直後から、小笠原諸島は米軍の占領下となりましたが、1946年10月には欧米系旧島民と家族135人のみが帰島を許され、うち129人が帰島し、ボニン諸島評議会(Bonin islands council)が設立されました。

栗林忠道陸軍大将（左）
ロス五輪「金」の西竹一大佐と愛馬ウラヌス（右）

他方、小笠原支庁と村役場が東京都下谷区（今の台東区）下谷小学校に移転されました。その後、20年間余り、小笠原諸島全体が米軍統治下に置かれ、68年6月26日、全面的に日本に返還され、徐々に血統的日本人の帰島や、新たな居住希望者の転居が進みました。

筆者は、1996年に父島に参りました。「北方4島が返還されたときにどうすべきか」という研究報告書をまとめるにあたり、父島のケースを参考にすべく、訪問したのでした。今も残っているかと思いますが、高射砲や立てこもり用の横穴など、戦跡がいくつもありました。米軍占領当時、父島には核兵器が貯蔵され、「その移動時と思われる際には、村民全てが自宅待機を命じられ、緊張したものでした」と、上部修一さんのご尊父（欧米系で金髪碧眼）が教えてくれました。

父島に戦前は小さな空港がありましたが、現在はありません。高速フェリー（片道24時間）が週1回のペースで父島との間を行き来して、人口も3,000人余り。エコツーリズム観光客で賑わい、ホエール・ウォッ

112

チングとウミガメ料理が好評です。

　戦後、いち早く、血統的外国人とその家族は帰島できましたが、一般の旧島民は 1968 年に、ようやく故郷に戻ることができました。しかし、戦後 23 年、欧米系の人たちは、港に近いところに住み、風光明媚な場所に教会を建てるなど自由に住んでいましたので、その後、帰島した人たちとの間に難しい問題も派生しました。特に、教会と地権者との裁判は復帰後、30 年近くも続いたのが印象的でした。

　硫黄島での戦闘については、城山三郎『硫黄島に死す』（文藝春秋）をはじめ、大野芳『オリンポスの使徒　バロン西伝説はなぜ生れたか』（同）、梯久美子『硫黄島　栗林中将　衝撃の最期』（同）、そして、クリント・イーストウッド監督による『硫黄島からの手紙』『父親たちの星条旗』の映画があり、栗林中将を演じる渡辺謙の好演が忘れられません。

日本の最東端・南鳥島ってどんなところ？

　南鳥島は本州から 1,800km も離れていますが、東京都小笠原村に所属しています。日本の領土で一番東に位置しています。ほかの日本のどこの EEZ ともこの島の EEZ は接触していませんので、この島は、広大な日本の海（領海や EEZ など）の基点になっている貴重な島です。日本の本土の全面積よりも少し広い約 40 万 km^2 の EEZ です。

　2012 年 6 月 28 日、加藤泰浩東京大学工学系大学院教授らの東京大学研究チームが南鳥島付近の海底 5,600m において、日本で消費する約 220 年分に相当する希土類（レアアース）を発見したと発表し、世界的に注目されました。「小笠原諸島内の火山列島付近には、白金を含む海底熱水鉱床が存在することも知られている。小笠原諸島の海は、宝の山なのだ」と山田吉彦東海大学教授も述べています。

　日本人として南鳥島を初めて訪れたのは、1883 年 11 月、高知県の

南鳥島（海上保安庁提供）（左）
読売新聞（2012年6月29日トップ記事）（右）

信崎常太郎が英国船"エター号"でと伝わっています（吉田弟彦：地学雑誌・明治35年16巻）。また、確認された話ではありませんが、1902年7月26日付東京新聞には、静岡県の齋藤清左衛門が発見または上陸したとの報道があります。

　この島は「マーカス島」とも呼びます。明治維新の4年前、1864年に米国船（ハワイ王国船？）モーニングスター号が来島し、乗っていた宣教師がそう名付けたからです。

　1889年6月、米国帆船船長 A. ローズヒルがこの島に上陸しました。そして、ここが無人島であると知り、かつ、椰子油と鳥糞（グアノ）の資源として価値があると見て、自らが発見者であると誤認し、椰子の樹に「星条旗」を掲げたという話もあります。

水谷新六による開拓

　その後、水谷新六（みずたにしんろく）（1853〜？）が南鳥島の開拓に献身しました。新六は三重県の桑名出身で、15歳のときに明治維新を迎え、東京に出て呉服屋に丁稚（でっち）に入りました。勤勉でかつ勇気もあり、商才にも富んでいたようで、30歳までその呉服屋で働き、その後、南洋へと転身を図り

ました。小笠原島の父島に移住し、南洋貿易会社を立上げたのです。そして未だ確定した地図もなかった時代に、周辺や南方の島々の探検にあたったのでした。その父島で、1788年に「ジョン・ミアーズが日本の南にグランパス島を発見した」という話を耳にし、勇躍、その確認に挑戦しました。

　1880年代の中ごろ、新六はマーカス島にたどり着く直前に船が座礁し、かろうじて、上陸するものの帰る船がなくなりました。何とか伝馬船を作り上げ、銚子沖で、通りがかりの船に助けられ、無事に本土に帰ることができました。その新六の進言で、日本政府はマーカス島を日本領土とすることとし、名前を南鳥島としました。「南」鳥島と言うと日本の最南端と誤解しそうなので、今一度、復習すると、最南端は「沖ノ鳥島」、南鳥島は最東端です。南鳥島と命名されたあと、新六は小笠原諸島の、母島から46人を引き連れて移住し、集落に「水谷」と名づけました。このタイミングで新六が開拓し、以後約10年滞在したことが国際法における先占の証拠となり、現在も日本領として存在しています。

　1902年、アメリカ人のA・A・ローズヒルがアメリカの領有権を主張して上陸を図ったのですが、それに気づいた日本も軍艦「笠置」を派遣して、阻止しました。世に、「南鳥島事件」と言われています。

　しかし、実際に人が住むにはあまりに不便で、1933年には全島民が島を出て、南鳥島は再び無人島になりました。それでも、2年後には帝国海軍が気象観測所を開設しました。

　太平洋戦争中の1942年3月4日、ウィリアム・ハルゼー中将麾下の米海軍第16任務部隊（旗艦は先代の空母エンタープライズ）により、南鳥島は離島とはいえ、東京府内で初めて空襲を受けました。その後も43年8月31日など何度も空襲を受けました。

　戦後、小笠原村全体がアメリカの管理下に置かれましたが、51年、気象庁がアメリカの委託を受け、南鳥島で気象観測を再開しました。

第5章　東京都の島々と南洋の委任統治領　115

1968年、父島、母島、硫黄島など小笠原諸島全体が日本に返還され、南鳥島は気象観測や日本の安全を守るためには特に重要な位置にある島であり、そのために、飛行場施設を管理する海上自衛隊硫黄島航空基地隊南鳥島航空派遣隊と気象庁南鳥島気象観測所の約10人ずつ、そして、関東地方整備局南鳥島港湾保全管理所の3名の職員が交代で常駐しています。

水谷新六

パパ・ブッシュ機を日本軍が撃墜

　2018年11月30日に94歳で亡くなった、ジョージ・H・W・ブッシュ第41代米大統領（1924～2018、在任は1989～93。パパ・ブッシュ）は1942年から、海軍中尉として、軽空母サン・ジャシントに乗り組み、艦上攻撃機パイロットとして対日戦争で活躍した人でもあります。任官中はパイロットとして飛行時間1,228時間、126回の空母着艦を成功させましたが、2度撃墜され、生還した、珍しい経験の持ち主です。

　1回目は、1944年6月のフィリピン・マリアナ沖海戦で日本軍の戦闘機の銃撃に遭い、また、2回目は、日本軍の戦略的要衝である父島の無電塔爆撃任務に就いたときです。

　44年9月2日午前9時前、ブッシュ中尉は爆撃機3機と、護衛にあたった戦闘機とともに発進し、父島の無電塔爆撃に向かいました。この

116

無電塔は米軍の交信を傍受し、本土に空襲の警報を発していたため、米軍にしてみれば破壊しておく必要があったのです。しかし、対空砲火に遭って、操縦不能となりました。このため、同乗していた2人は戦死し、ブッシュ中尉はパラシュートで着水したのです。すぐさま日本軍の舟艇が出動しましたが、捕らえられず、ブッシュ自身は4時間にわたって漂流した後、米潜水艦に救助されました。この父島付近では米軍の計4機が撃墜されましたが、搭乗員の8人（一説には5人）もが処刑された後、食人された（「小笠原事件」）とされ、戦後、関係したとされる日本人将兵が「BC級裁判」により、処刑されました。もしかしたら、自分も同じ目に合っていたかもしれないブッシュの対日観に、この一件は長く影を落としたといわれています。

　事件を否定する証言もあります。土屋公献（1923～2009）元日弁連会長は事件について、戦後の「POW研究会」での質問に対し、「人肉食の事実はなかった。事実に反する」と語気鋭く否定しています。土屋は少尉として父島にあり、処刑されたボーン中尉と会話を交わす機会が幾度かあったということです。真相は分かりません。

　パパ・ブッシュは戦後、趣味としてスカイダイビングを楽しみ、2009年、85歳の誕生日に、地上3,200㍍の上空から降下、長男のブッシュ元第43代大統領（Jr. ブッシュ）らが見守る中、見事に成功したのです。

「島」ならば広大なEEZが付く　沖ノ鳥島

　2005年、石原慎太郎都知事は小泉首相と会談、経済活動の実証のため、沖ノ鳥島周辺での海洋深層水と表層水の温度差を利用する発電所の建設や漁業活動の計画があると明らかにしました。島周辺は深海底からせり上がる地形で、海洋温度差発電に好適だというのです。

　同年、2005年5月、石原知事が現地視察を行い、「日の丸」を振り、

シマアジの稚魚を放流。同年6月、国土交通省が1×1.5mのチタン製銘板を設置。「東京都小笠原村沖ノ鳥島1番地」「日本国最南端の島」、同島の緯度、経度が刻まれています。

　沖ノ鳥島（東京都小笠原村）は、太平洋上に浮かぶ日本最南端の島。満潮時には東小島、北小島の2つの小島を除いて海面下に水没するのですが、潮が引くと大部分が海面上に姿を現わします。ただし、干潮時に海面に表出する場合でも、人間1人で抱えられるくらいの大きさのサンゴ礁です。

　しかし、水面下のサンゴ礁は、東西4.5km、南北1.7kmと大きく、国土交通省は東小島、北小島とも周囲を直径50mの消波ブロックで囲むなどして島自体の確保に努めています。それでも、このまま地球の温暖化が進めば、あるいは何十年後かには水没ということも免れないかもしれないのです。

　2018年12月に沖ノ鳥島周辺のEEZで、中国の海洋調査船が無断で調査を行ったとして、日本政府が中国外務省に抗議するということがありました。

　さまざまな報道を総合すると、この調査船は12月18日、日本側の許可を受けることなしに沖ノ鳥島周辺のEEZを航行していました。国連海洋法条約は他国のEEZで海洋調査を行う場合、事前に相手国に同

沖ノ鳥島（海上保安庁のHPより）

意を得るよう定めているのですが、中国はかねて沖ノ鳥島を「島」と認めておらず、過去にも無断で調査を行っていました。

中国外交部（外務省）は 2019 年 1 月 2 日の会見で、沖ノ鳥島の周辺で調査活動を行った事実を認めました。しかし、「沖ノ鳥島は島ではなく岩であり、EEZ は存在しない」と反発していました。

日本の政府関係者によりますと、「海の中にワイヤのようなものを垂らしていた」として、潜水艦が潜る深さなどを調査していた可能性も指摘されています。海洋法に関する国際連合条約（国連海洋法条約）の第 121 条第 1 項によって、自然にできた陸地が「島」であるとされていますが、その第 3 項では、「人間の居住又は独自の経済的生活を維持することのできない岩は、EEZ 又は大陸棚を有しない」とも規定しています。

その後、国土交通省もさまざまな工夫をして観測機器の設置、ミニ養殖、表示板の設置などにあたっているほか、消波ブロックの点検・修理などに努めています。

これが岩だとなると、半径 200 カイリという広大な EEZ が消えてしまうという、我が国の国益上の大きな損失が起きてしまいます。

「沖ノ鳥島」として公式に地名が記載されたのは 1929 年のことですが、沖ノ鳥島という名前自体の由来は不明です。

沖ノ鳥島の北小島と東小島

北小島は、東京都小笠原村沖ノ鳥島 1 番地。旧称は北露岩。北緯 20 度 25 分 31 秒、東経 136 度 4 分 11 秒に位置する。面積 7.86m^2。海抜は第二次世界大戦以前の海図では 2.8m と記載されていたが、2008 年 3 月時点で約 1 m。高潮（満潮）時も約 16cm が海面上に現れる三等三角点「北小島」が設置されている。

東小島の所在地は、同上 2 番地。旧称は東露岩。正確には、北緯 20 度 25 分 32 秒、東経 136 度 4 分 52 秒に位置しています。面積 1.58m^2。

第 5 章　東京都の島々と南洋の委任統治領　119

海抜は第二次世界大戦以前の海図では 1.4m と記載されていましたが、2008 年 3 月時点で約 0.9m。高潮（満潮）時も約 6 cm が海面上に現れます。表出部が少なくなったのは、地球の温暖化のせいでしょうか。一等三角点「沖ノ鳥島」が設置されています。

日本政府は数百億円をかけて、1988 年から北小島及び東小島に鉄製消波ブロックの設置とコンクリート護岸工事を施し、東小島にはチタン製防護ネットを被せて保護しています。

消波ブロックとコンクリートの護岸工事（左）。観測施設（作業架台）で、金属、塗装、コンクリートなどの耐久性を試験している（2010 年 6 月、海上保安庁撮影）（右）。

第二次大戦前の 1940 年 7 月中旬、帝国海軍は北露岩に無人灯台の建設を計画し、基盤を造りました。サンゴ礁を爆破した水路跡と灯台の基礎を改築した観測所基盤が戦後も残っていましたが、この灯台の基礎工事を発見した米艦艇が砲撃を加えたという記録もあるそうです。戦後、その灯台基盤跡に、人工島の観測所基盤を造成し、海面上に大規模な観測施設（作業架台：60m × 80m）が建築されています。これにより海洋研究開発機構が無人の気象・海象観測を行っています。

その他、船舶が沖ノ鳥島に座礁することを防止するため、海上保安庁によって「沖ノ鳥島灯台」が設置されています。この無人灯台の灯火は海面上から 26m の位置にあり、発光ダイオードの光を沖合い 12 カイリまで届けるもので太陽電池によって稼働しています。

大戦前の 1933 年の記録では、海抜最大 2.8m の北露岩、1.4m の東

露岩、さらに北露岩の南側に海抜 2.25m の「南露岩」があり、さらに、0.9m ～ 0.6m の露岩があり、合計 6 つの露岩が満潮時にも姿を現していたとあります。これらのうち、南露岩は 1938 年に消失が確認され、68 年に小笠原諸島全体の管轄権が返還された後の 82 年以前は露岩の数は 4 つとされていたため、87 年までに、現在の北小島、東小島を除いたものは、風化と海食により、消滅したのではないかとみられています。

　国際問題になりかけたのは、2004 年 4 月 22 日、日中間外交当局者協議で、中国が沖ノ鳥島を「岩」だと主張。日本に無断で周辺の海洋調査を進めたころからです。

　これに対し、2007 年 3 月、海上保安庁が、「沖ノ鳥島灯台」を設置するなどさまざまな施策を展開し、2009 年 11 月 6 日、環礁部分に船舶が接岸できるような港湾施設を建設する方針を決め、中国の「『経済的生活の維持』ができない」との主張に対抗する意図を見せました。また、2010 年 7 月 23 日には「排他的経済水域及び大陸棚の保全及び利用の促進のための低潮線の保全及び拠点施設の整備等に関する基本計画」を閣議決定し、沖ノ鳥島における特定離島港湾施設の建設に着手しているのです。しかし、2014 年 3 月 30 日、五洋建設が作業中に桟橋が転覆、作業員 7 人が死亡するという悲劇もありました。

ドイツの敗戦で日本が委任統治した南洋群島

　第一次世界大戦の講和条約であるベルサイユ条約（1919）で、日本は、現在は独立国となり、それぞれが国連にも加盟しているマーシャル、ミクロネシア、パラオを傘下におさめました。南洋群島です。

　日本は国際連盟を脱退してからも、事実上の日本の領土として、教育、公衆衛生、軍事的に大いに力を注ぎ、住民数も日本人の方が多くなっていきました。パラオ島に南洋庁、NHK の放送局、アサヒ野球場など

第 5 章　東京都の島々と南洋の委任統治領　　121

小弁・イサベル夫妻（中央）と森ファミリー
(1937年、水曜島で)

麻生太郎首相（当時）とモリ大統領
(2013年、首相官邸)

を設けたほか、各地の開発を積極的に行い、これらの島々では日本語の単語が数百も残され、これまでにクニオ・ナカムラ大統領（在位1997～2001）など日系の政治指導者も多数輩出しています。同じようにミクロネシアではトシオ・ナカヤマ（同1979～87）、マニー・モリ（同2007～15）が、マーシャルではアマタ・カブラ（同1983～96）初代大統領をはじめ、クニオ・ルマリ、イマタ・カブア、ケーサイ・ノートの各日系人が大統領に選出されています。

コラム 「冒険ダン吉」のモデルとなった森小弁

　森　小弁(こべん)（1869～1945）は、高知県出身。この人は1892年にミクロネシアのチューク諸島（現・トラック島）、木曜島（現・トル島）に移住し、島の酋長の娘と結婚した実業家です。1930年代に「少年倶楽部」（大日本雄弁講談社）の連載で大ヒットした、島田啓三の『冒険ダン吉』のモデルになりました。また、演歌師で戦後は衆議院議員にもなった石田一松(いちまつ)（1902～56）の作詞・作曲・歌唱により、1930年の発売とともに一世を風靡したコミックソング「酋長の娘」（♪私のラバさん南洋の娘　色は黒いが南洋じゃ美人……）で知られました。今のミクロネシア連邦第7代大統領のマニー・モリは小弁の曾孫(ひまご)にあたります。

第6章　北方4島返還への道

「玉音放送」後の戦闘を経て侵攻

　第二次世界大戦の最終段階である1945年2月11日、米英ソ3国の首脳が、クリミア半島の保養地ヤルタで会談。対独戦争終了後は対日戦争を完遂すべく、ソ連は6カ月以内に日本の「傀儡国家」とみなす満州国（当時の60に満たない独立国中、20カ国が承認）と日本の領土である樺太・千島に侵攻することが決定されました。日ソ両国は翌年4月26日まで有効の「日ソ中立条約」を締結していました。

　しかし、45年8月15日の「玉音放送」から3日後、ソ連軍は千島最北端の占守島に艦砲射撃と空爆を加え、竹田浜から上陸して来ました。第91師団はいったん、梱包しかけた武器の包みをほどいて応戦しました。日本軍は練度が高く、ソ連軍もまた対独戦争を戦った部隊であり大激戦。キスカ島から撤退した将兵を加えていた日本側は大勝利しましたが、21日になって、札幌の北部方面軍からの「撃ち方止め」の命令で、武装解除となりました。

　その後、ソ連軍は水津満の参謀少佐を道案内に島伝いに南下し、択捉島の北隣の得撫島まで進駐して引き返しました。8月28日、それまでに樺太を征覇したソ連軍の別の部隊が択捉島に無血上陸、9月5日までに歯舞群島のすべての島までを支配しました。

　今日、北方領土というのは、択捉島、国後島、色丹島、歯舞群島の総称です。面積は計約5千km^2。日本最大の島である択捉島と2番目の国後島で「4島」全体の93%を占めます。

　以来70余年、北方領土は今もロシアが実効支配しています。日ソ両国は56年の「共同宣言」に署名し、平和条約締結後の色丹、歯舞引き渡しを決めています。

　しかし、日本は「固有の領土」である4島の返還を求めているのです。

これに対し、現在のロシアは「第二次世界大戦の結果、正当にロシア領になった」と主張し、ロシア主権を認めるよう日本に要求しています。

「返還」と「引き渡し」

　一方、ロシアは元の所有者に戻すという意味の「返還」には応じないとの立場です。2016年12月、山口県長門市で行われたプーチン大統領との首脳会談以降、安倍首相は北方領土問題に関し、色丹島と歯舞群島の2島引き渡しで決着を図る方針に傾いたと報道されています。ロシアの強硬姿勢を考え、4島返還は非現実的と判断したようです。

　しかし、「2島で決着」は択捉島と国後島の返還がはるかに遠のくことを意味し、これに踏み切れば、北方4島を「日本固有の領土」と位置付けてきた政府見解は、何だったのでしょう。教科書や地図も、国土面積や統計の数字も書き換えるのでしょうか。国民の理解はとうてい得られるものではありません。

　共同通信が2019年1月に実施した世論調査では、北方領土問題の解決方法について「歯舞、色丹だけでよい」としたのは7.3％でした。ですから、2島で決着とすれば、激しい批判を浴びるリスクが付きまとうのは必然です。首相も支持を得にくい現状は承知しているはずですから、政府内では「国民の支持を得るためには、2島引き渡しに加え、ロシアから何らかの譲歩を引き出す必要がある」（官邸筋）との見方が根強く、総理としてもそこが難しいと自覚しているようすです。

　2島引き渡し以外にも多少の成果をロシアから勝ち取ることで打開を図るシナリオを、首相は「2島プラスアルファ」と周囲に伝えているようです。アルファとしては、特別な制度の下で、日本企業が択捉と国後で事業を実施する案が取り沙汰されているようです。それには日露間で協議している4島での共同経済活動構想がベースにあるとされていますが、何らかの歩み寄りをロシアから勝ち取れたとしても、4島の総面積

の93％を占める択捉と国後の返還が遠ざかる、ないしは永久に返還には至らないという実情に変わりないのです。

　首相が譲歩の構えを見せる背景には、ロシアの厳しい対日交渉姿勢があるとされています。ラブロフ外相は2019年1月14日の記者会見で、北方領土が第二次大戦でロシア領になった「事実」を受け入れるよう要求しました。プーチン大統領は前年12月の会見で、日米安全保障条約に基づき、北方領土が日本に返還された暁には、米軍が4島に展開する可能性があると指摘しました。米軍は今でも北海道には基地を設けていません。矢臼別で短期間演習を行うだけです。しかし、ここは米軍基地のみならず自衛隊の基地や駐屯地の配備について、大いに知恵を働かせるべきことでしょう。

　歴代政権は対ロ交渉の場で、4島の日本帰属を求め続けてきました。1993年には細川護熙、ボリス・エリツィン両首脳が、解決すべき領土問題の対象として4島を列挙した「東京宣言」に署名し、2001年には、森喜朗首相が「2島先行返還」を提案したのですが、これらはいずれも、最終的に国後、択捉の返還を目指す考えがあってのことでした。

　やみくもに「まず2島」という考え方は何のプラスにもならないことを自覚すべきです。

日露の漁業関係

　北洋漁業については、ロシアの200カイリ水域における日本漁船によるサケ・マス操業を含む「日ソ地先沖合協定」「日ソ漁業協力協定」「北方4島周辺水域操業枠組協定（北方4島周辺12カイリ内における日本漁船の操業に関する協定）」、さらに、歯舞群島の貝殻島周辺における日本漁船のコンブ操業に関する「貝殻島昆布協定」により、日露間は基本的に、拿捕など大きなトラブルが近年、激減しました。

　冬に稚内や根室に行くと、ややオーバーに言うなら、道を歩いている

人はみなロシア人（日本人は自動車内）で、交通標識の表示や店の「大安売り」「ロシア人歓迎」といったロシア語の表示が目につき、まるで、ロシアにいるような錯覚に襲われてしまいます。

　以前は、拿捕から銃撃まであり、船で色丹島の穴潤湾（あなま）に入るとすぐ右側に日本人乗組員の収容施設があり、「○○さん、がんばってくださ〜い！」などと叫んだものでしたが、90年代後半以降は海上では、以前に比べると大いに関係改善がなされました。

北方領土返還後の4島の在り方について

　2018年12月6日、ロシアのメディア「シベリア　現実」（ロシア語による「自由ラジオ」のシベリア、極東向け放送・オンライン記事）が「プーチンはクリルを日本に渡すだろうか」と題した記事の中で、筆者の名前まで出して、「北方領土返還後の在り方」の「25項目」を引用して紹介していました。

　ただ、この記事では、吹浦の名前のつづりが間違っていましたが、ま、それはご愛嬌として、ロシア側も「返還後」に関心を持ち始めていることが分かりました。今のところ、露文しかございませんが、関心のある方は、http://bigforumpro.org/merkulov/JTEXTS/JTEXT1.HTM でご覧ください。

　これは、1999年までに約6年間をかけて、筆者の師匠にあたる末次一郎安全保障問題研究会会長（1922〜2001）、杉山茂法政大学教授（真輔駐米大使のご尊父）、駐露大使経験者や専門家たちが幾度も集まり、杉山教授とわたしが中心になってまとめた「返還後の北方領土の在り方」についてと題するものです。本来は26項目あるのですが、安全保障に関わる部分は機微に触れるので、公表してはおりません。

詭弁を1つひとつ取り外すしかない

　安倍晋三首相は北方領土問題に関し、北方4島のうち歯舞群島と色丹島との引き渡しをロシアとの間で確約できれば、事実上の決着と位置付け日ロ平和条約を締結する方向で検討に入ったと、複数の政府筋やメディアが明らかにしています。とても残念であり、それどころか、ハボシコの2島さえ、思うような形では祖国復帰をなしえないのではないかと危惧します。

　4島の総面積の93％を占める択捉島と国後島の返還または引き渡しについて、「現実的とは言えない」という考えかたですが、1970年代初めからソ連・ロシア側と約50回に及ぶ専門家会議（対話）を開催してきた者として、先方の態度はいろいろ変わってきたことをよく理解しています。逆に、日本側の考えは、今、矜持（きょうじ）を失いかけているのが心配です。

　「2島で決着」に傾いた背景には、このままでは交渉が暗礁に乗り上げ、56年の日ソ共同宣言に明記されたハボシコ（歯舞群島・色丹島）の引き渡しも遠のきかねないとの判断があります。それも仕方ないではないですか。孫子（まごこ）の代まで頑張ることです。逆に、「2島で決着」に実際に踏み切れば、日本固有の領土である択捉と国後を放棄したとの、当然の批判が巻き起こります。

　ただ、プーチン大統領は、「共同宣言」にあるハボシコの引き渡しに関し、必ずしも主権譲渡を意味しないとの認識を示しているようです。「日本のみなさんもハボシコを自由にお使いください」程度の認識ではないのでしょうか。

　北方領土交渉を巡り日露首脳は2016年の長門市での会談で、北方領土での共同経済活動をすることで一致しましたが、両国の法令には大きな隔たりがあり、また、日本に国営企業があるわけではなく、現実は進展せず、その後の会談では「交渉を加速する」という外交辞令を確認し

ただけで終わりました。筆者は、もし、北方領土で日露両国が何かを一緒にするというなら、共同研究活動からすべきだと主張してきました。気象、地形、地質、海流、天文、植生、環境、産業などなど、研究部門はいろいろあると思います。国立大学の教員はじめ、そうした研究者とそしてそれに関わる行政、例えば、警察、海保、消防、公衆衛生、入国管理といった行政官が入り、それらを下支えする通訳、食堂スタッフ、クリーニング業者、医療関係者が必要になるでしょう。

日本人としての矜持が問われている

　昨今は連日の紙面を賑わしている北方領土とは、択捉、国後、色丹の各島と歯舞群島のことであり、その面積は 5,036km^2、千葉県や愛知県、福岡県に相当する広さです。歯舞群島の 1 つ秋勇留島でも 2.7km^2 あり、尖閣諸島の 5 島 3 岩礁で 5.57km^2、竹島の 2 島と数十の岩礁で 0.21km^2 と比較するとかなりの大きさであることがよく分かります。面積では、竹島の 24,000 倍の広さの北方領土であり、尖閣と比較しても約 1,000 倍の広さです。ただし、北方領土問題は、基本的に面積や領海・EEZ の問題ではないのです。国家としての主権の範囲が確定していない、つまり、日露間には相互承認した国境が画定していないのです。この領土問題が未解決であるという認識が大事なのです。そのことが本来、政治的にも経済的にも相互補完性の大きな日露関係を正常な形にしていないことが問題なのです。

　北方 4 島に戦前は 1.7 万人の日本人が住んでおり、いまはほぼ同数のロシア人が住んでいます。そして、2019 年 2 月にロシアの係員が戸別訪問をして行った日本への返還の是非を問う"世論調査"では、約 96％もの人が日本へのいかなる領土の引き渡しにも反対しているという結果が出ました。それはそうでしょう。この調査方式は、いわば「踏み絵」です。言論の自由が大きく制限されている国で個人情報を全て答

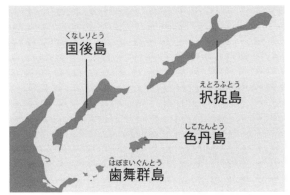

高田屋嘉兵衛(ロシア側の史料)

えてから、是非を問うというものですから、ナンセンスなのですが、日本の各紙は、その点にはほとんど触れないで、「96％が反対」と報じているのには大きな疑問を感じました。

　周知のことかと思いますが、復習しておきましょう。1855年、日魯通好条約で択捉・得撫間に国境を設定、樺太は日露両国民にとっての「混住の地」と定めました。20年を経た1875年、樺太千島交換条約で樺太を放棄した日本は得撫以北の全千島、占守島までを獲得しました。平和裡に領有したのであるからということで、日本共産党は全千島の返還を求めるべきだと、多年、主張してきています。1905年、日露戦争にかろうじて勝利した日本はポーツマス条約で北緯50度以南の南樺太を領有しました。

　戦前の1935年、国後島・古釜布の地を背景に、映画「生命の冠」（松竹映画、原作・山本有三、監督・内田吐夢、主演・岡譲二、原節子）が制作されました。米国企業との契約にしたがって、あくまで品質を守ろうと苦闘するする缶詰工場の経営者の家族を題材にした映画で、当時の千島の働く人々の心意気と古釜布の町の様子が克明に描かれています。

　1945年8月18日から3日間、千島の北端・占守島で日ソ間の激戦が行われましたが、札幌の北部方面軍司令部からの停戦命令を受け、以後、ソ連軍は9月5日にかけて、北方4島を一滴の血も流さずに不法占

第6章　北方4島返還への道　129

拠して、武装解除を実施しました。

資源が欲しいからではない

　20世紀の最後の年、択捉島でのことです。訪問した筆者たちとロシア住民が一緒にピクニックに行こうというので、待ち合わせところ、数本の長いフランスパンとバケツと鍋しか持ってこないのです。「これでどうするのか」と尋ねたところ、「浜辺だから何とでもなる」というので、案内されるままに、昔、日本軍の砲台があった近くで昼食となりました。

　すると、「おじいさんは山へ」ではなく、男性は川で水を汲み、枯れ枝を集め、女性は煮炊きの準備。そこに海辺に行ったロシア人の男性2人が、ものの30分もしないうちに4匹もの大きなタラバガニを採り、バケツに押し込んで持って来たのです。

　戦前の記録を見ると、「床下にカニが入ってきていた」などという記述があるほどで、この海域が、かつて「世界3大漁場」と言われたことをつくづく実感しました。

　記録によると、1938年当時、国後島の古釜布は戸数100戸、常住人口は431名の町で、タラバガニやホタテ、ホッキガイの缶詰工場が集まっていたそうです。このあたりから千島最北部の幌筵島辺りは特に好漁場で、東洋一と言われた缶詰工場があり、北海道や内地から出稼ぎの女工がやって来て、大賑わいだったようです。しかし、時代が時代でしたので、小林多喜二の『蟹工船』(1929)にあるようなきつい労働条件であったことも忘れてはなりません。また、45年の敗戦後には、民間人の疎開や避難・引き揚げが大問題になりました。

　カニと言えば、大型のタラバガニのほか、根室から色丹島付近にはハナサキガニ（花咲蟹）という足6本、爪2つという美味なカニがいます。夏が特に美味しいように思います。一度、お試しください。

　色丹島第一の港町は穴澗と言いますが、ロシア語名はクラボザボーツ

130

クです。クラボは英語の crab（カニ）、全体でカニ工場という地名になります。ソ連人の入植当時から、カニ漁がいかに盛んだったかはこの地名でも分かります。また、付近は、しけの後には、カニ、ホタテ、ホッキガイが大量に海岸に打ち上げられるほど、魚介類が豊富です。町の沖合い、色丹島との中間あたりがタラバガニの好漁場になっていました。しかし、タラバガニは日本人は「刺し網」という網目が８寸（約24cm）もある大きなもので、小さなカニは逃げられるようにして資源を守ったのですが、ロシア人は「かご漁法」で、小さなカニまで採り尽くし、「色丹島や国後島周辺のカニの資源は枯渇寸前だ」と根室漁業協同組合で聞いたことがあります。

　その根室漁協が2018年９月、大坂なおみさん（20歳）の優勝で湧きました。

　全米オープンテニスの女子シングルス決勝で、セリーナ・ウィリアムズ（36歳）を６－２、６－４で破り、日本人女子テニス界では初となる４大大会での初優勝を果たし、19年新春には全豪オープンでも優勝、一躍、ランキング・トップとなりました。その母方の祖父である大坂鉄夫（77歳）さんが、根室漁協の組合長さんなのです。事業に成功し、今では根室で屈指の大邸宅を構えている人なのです。もちろん、北方領土返還運動にも熱心で、ニューヨークの国連本部まで訴えに行かれたこともある一家です。

固有の領土を手放してはならない

　しかし、誤解してならないのは、日本が「４島返還」とロシアに要求しているのは、何もカニやウニなどの漁業資源が欲しいからでも、終戦時１万７千人も住んでいた旧島民のためでもないのです。法と正義、歴史的事実、日露両国がこれまで結んできた条約や宣言、首脳会談での話し合いに基づき、日本の固有の領土として返還を迫っているのです。

第６章　北方４島返還への道　　131

故郷から追い出された旧島民の方々には大いに同情しますし、そのために国や地方公共団体も少なからざる支援をしてきました。周辺4町村の振興こそ、さらに図られるべきだと思います。しかし、戦争被害者は他にもいろいろいるのです。国策に従って大陸や南方に移住し、全資産を置いて引き揚げて来た人、内地でも空襲で家族や資産を失った人、強制疎開にあって家を失った人……などなどです。

　筆者たちは、北方領土問題の解決は、日露両国という極めて補完性の高い国どうしが、ウィンウィンの関係になるために、そして、国際社会が「法と正義」のもとに健全に運営されるために、「日露間の領土問題の解決」を主張してきました。焦るべきことではありません。矜持の問題であり、スターリンが間違えて侵攻してしまったことを、プーチンなり、今後の世代が訂正するだけでいいと考えます。

　日露両国はともに急速な少子高齢化に悩んでいます。北方領土返還の実現により、両国が真に平和と協力の絆で結ばれれば、シベリアの開発もできるし、日本にほとんどない天然資源、ロシア社会の非能率な現況、経済発展の遅滞も大きく改善されるでしょう。

　北方領土に住んでいるロシア人たちを追い出すことはすべきではありません。日本人と共住するもよし、サハリンや大陸に移住するのも可能なような、返還記念基金（仮称）による支援も必要でしょう。

停滞しているのか、急ぎすぎか

　北方領土の返還を実現して、日ロ間に真の平和・友好・協力関係を築くというのは、日本の国是であり、日本国民の悲願です。しかし、東西冷戦時代には動かすことは不可能でしたし、冷戦後28年、激動する世界政治地図の中にあって、ロシアは太平洋国家たるを国是としています。また、資源大国ではありますが、これを十分活用できる技術、資金、市場、技術者が十分ではありません。加えて、ウラル山脈以東のザバイカ

ル、極東、サハリン、沿海州地方では激しい人口減と中国からの人口圧に押され、1954年以来ウクライナの領土だったクリミア半島を攻略したことに端を発した経済制裁、原油価格の低迷、ルーブル安、年金問題など多事多難で、さしものプーチン大統領も、その人気に陰りが目立ってきました。それだけに、ロシア政府や国民が日本との関係を正常化することの重要性を感じ始めているのです。

　古くは、世界経済国際関係研究所の歴代所長だったニコライ・イノゼムツェフ、アレクサンドル・ヤコブレフ、エフゲニー・プリマコフといった有力者が日ソ（日露）関係の抜本的な改善に前向きに取り組んだり、ヤブロコの一派を率いていたヤブリンスキー国家院議員が「４島返還に賛成」したり、2012年には評論家ウラジスラフ・イノゼムツェフが「アガニューク」紙に対日平和条約の重要性を説き、両国の共同利益を求めて返還すべきだと書いたり、同年、カーネギー財団モスクワセンター長のドミトリー・トレーニンが「歯舞・色丹の即時返還と国後・択捉の50年後の返還、その後50年間の共同経済活動」を主旨とした英文論文を発表したり、往時と比べれば、さまざまな議論が出てくるようになりました。ロシアも変化するし、未だ少数とはいえ、さまざまな意見があるのです。

　東西ドイツが統一したり、東欧圏がモスクワの傘下から離れたり、ソ連という超大国が崩壊したりといったことは、ほとんど誰も想像だにできなかったではなかったでしょうか。

　わずかにエレーヌ・カレール＝ダンコース（アカデミー・フランセーズ）がゴルバチョフ政権樹立（1985年以降）直後から、ソ連の崩壊は歴史的必然で「近い」と力説していました。しかし、浅学菲才の筆者は、1987年に、大津での国際会議に互いに参加するための新幹線内で、十分そのご高説を聞かされたのですが、何とも肯定的に理解することはできませんでした。ですから、国際政治もまた一寸先は闇なのです。いつ

第6章　北方4島返還への道　　133

の日か日露平和条約の問題は間違いなくウィンウィンの関係の中で解決
されると信じます。

返還されるのか

　1973 年にわが師・末次一郎が始めた日ソ（露）専門家会議では両国
間の学者・専門家、外交官出身者、与野党の有力政治家の参加を得て、
これまでに 50 回近く開催され、率直な討議を行ってきました。当初は「解
決済み」と言っていた先方の参加者はやがて「そういう問題はない」と
逃げ、ゴルバチョフ政権では初の最高首脳の来日（1991）で「４島名
を共同声明に明記」するに至り、ソ連側からの提案で「査証（旅券）な
し交流」が始まりました。ソ連崩壊後、ロシア連邦大統領となってこの
問題を引き継いだエリツィンは細川護熙首相との会談を受けて「東京宣
言」を発表しました。「択捉島、国後島、色丹島及び歯舞群島の帰属に
関する問題」を「歴史的・法的事実に立脚し、両国の間で合意の上作成
された諸文書および法と正義の原則を基礎として解決することにより平
和条約を早期に締結するよう交渉を継続し、もって両国間の関係を完全
に正常化すべきことに合意する」と決めたのです。

　さらに、橋本龍太郎首相との間では「2000 年までに解決」と時間を
区切り、鋭意、首脳会談を重ね、川奈会談では返還の具体案を示すも、
直後のロシアでの国家院選挙での敗北、大統領自身の健康不安が重なっ
て果たせず、プーチンを後継者に指名して退陣しました。1990 年代以
降は日本で「歌手１年、総理２年の使い捨て」と竹下登元首相が冗談を
言っていたような短期政権が 10 数年続いたこと、2000 年代にはそれ
が今度は、行政経験のない民主党政権となり２年間に３人の、外交経験
（感覚）の乏しい首相や外相が続き、ロシア側には何ら影響を与えるこ
とができない弱体ぶりだったのです。

　潰瘍性大腸炎の治療の特効薬として有名な「アサコール」で健康を取

り戻した安倍晋三首相の熱意は大いに称賛されるべきでしょう。2019年3月現在、プーチン大統領とは25回に及ぶ首脳会談を行い、解決への期待は大いに高まっています。

　しかし、そんなたやすい問題ではないし、相手ではないことを拳拳服膺<ruby>けんけんふくよう</ruby>すべきではないでしょうか。

　2018年11月15日の長門市大谷山荘での日露首脳会談で1956年の「日ソ共同宣言」を基礎に交渉することで合意したというのは必ずしも不可とはしませんが、この共同宣言は、平和条約の基本となるべき両国の領土が確定せず、国境が決まらないから「平和条約」ではなく「共同宣言」にとどまり、これによって、国交の回復、相互に大使館の設置、日本の国連加盟の実現、残留"戦犯"千余人の釈放が達成されたものなのです。「ソビエト社会主義共和国連邦は、日本国の要望に応えかつ日本国の利益を考慮して、歯舞群島および色丹島を日本国に引き渡すことに同意する。ただし、これらの諸島は、日本国とソビエト社会主義共和国連邦との間の平和条約が締結された後に現実に引き渡されるものとする」というのが、関係の条文です。

　しかし、当時はEEZ（排他的経済水域）という概念や言葉もなかったし、領空のことさえ極めて曖昧でした。仮に2島なり4島なりが返還されるとしても、それに付随すべきEEZや領空通過権がどうなるのか、返還後の島に米軍基地を置くとか、自衛隊の恒久的駐屯地（陸自）や基地（海自、空自）を設けることには慎重であるべきだと考えますが、米軍や自衛隊としては、日本に安全保障上の例外な場所を法的に認めるということもまた、至難なことではないでしょうか。

返還の基礎的条件

　日ロ関係の大転換は、天の時（両国の政治と国際情勢の緩和と安定）、地の理（そのことにより力関係に大きな影響がおよばないこと）、人の

和（政治や官僚組織、輿論や分裂工作に乗らぬこと）があり、日本が好景気でロシアが苦しい時期、日米関係の紐帯がしっかりしていること、双方の最高首脳が優秀であることなど所与の条件が揃わないと実現しにくいと思います。

　以前、プーチン大統領が柔道用語を使って述べた「ヒキワケ（引き分け）」とするには少なくとも以下の点が調整されねばなりません。

Ⅰ．４島に居住するロシア人島民（1.7万人）の法的地位

　特別在留許可の付与／国籍取得申請者への優遇／帰国支援者への総合支援／北方領土以外の日本国内への移住に優遇／言論・出版・集会・結社の自由／教育上の配慮

Ⅱ．ロシア人島民への人道的配慮

　ロシア年金への配慮／資産評価での優遇／優遇税制の適用による起業支援／公的インフラの引き継ぎと拡充／長期低金利の融資の適用／ロシア語による教育施設の継続支援／日本語習得のための特別講習の実施／ロシア語図書館の拡充／医療の拡充

Ⅲ．対露経済協力と返還後の４島での積極的な開発

　共同経済活動は法的にまた経営的に至難な面が多々あるので、まずは、公的シンクタンクや国立大学などの公務員で行う共同研究活動からではないか／協力とは名ばかりで実質は援助ということではなく、露側の起業支援、技術支援も共住には必須の条件です。

Ⅳ．返還時期に時差があっても一括決定を

　「４島一括返還」が無理でも「４島一括決定」を。平和条約のないこれまでは露側の交渉態度には積極性を感じさせないものがあった。仮に、ハボシコの「２島返還」で平和条約を締結し、国後・択捉では共同経済活動を行い、その帰属についてはこの条約で「互いに誠意をもって継続協議とする」とあればいいなどというのは、国際社会では超ド級の「お人よし」「おめでたい」と嘲笑される以外の何物でもないと考えるべき

でしょう。

V．EEZと上空通過権の確保が重要

1956年の「共同宣言」を基礎としてという表現はきわめて曖昧で、島の行政権のみを引き渡すという落とし穴があります。

VI．安全保障面での特殊な取り扱い

自衛隊の恒久的な防衛施設を設置しない（観測・通信・補給基地のみ）ことと、米軍の演習を行わない、自衛隊や米軍の地対空、地対艦ミサイル基地を設けないくらいの政策的妥協はやむをえないのではないでしょうか。露軍基地はもちろん撤退です。

ゴローニン、リコルド、嘉兵衛の尽力で始まった日露交流

1811年、ワシリー・ゴローニン少佐（1776～1831）は軍艦ディアナ号を指揮し、千島列島南部の測量を行い、国後島南端の泊港に入った際、厳戒態勢にあった日本側の役人に捕えられ、松前に送られました。同号副艦長のピョートル・リコルド少佐（1776～1855）は、オホーツクに戻り、上部の指示を仰ぎ、フヴォスツォフらによる「文化露寇」で捕らえられていた良左衛門や前年、カムチャツカ半島に漂着した摂津国・「歓喜丸」の漂流民を伴なって、再度、国後島に向かいました。5月、国後島に戻ったリコルドは、ロシア語が少し分かるようになっていた良左衛門を除くほかの漂流民を上陸させ、ゴローニンの消息を知ろうとしました。泊湾にいた奈佐瀬左衛門松前奉行調役は良左衛門の通訳で、ゴローニンは亡くなったと伝えたのですが、リコルドはそれを信じず、文書での回答を求めて良左衛門を陸へ送り返しました。しかし、良左衛門は露側から離脱し、リコルドの所には戻りませんでした。

やむなくリコルドは国後島沖にとどまり、日本船を拿捕しようと待ち受けたところに、たまたま高田屋嘉兵衛（1769～1827）の船が通りかかったのです。嘉兵衛は、ゴローニンの生存と、自らカムチャツカに

行く用意がある旨を伝え、カムチャツカに連行されますが、一商人でありながら堂々と日露交渉の仲立ちを務め、事件の解決を図ったのです。

カムチャツカ半島南端のペトロパブロフスクで、嘉兵衛たちはリコルドと同居し、少年・オリカと仲良くなり、ロシア語に親しみました。そして、嘉兵衛は「ゴローニンが捕縛されたのは、フヴォストフ事件によるもので、彼らの蛮行事件の謝罪文書を提出すれば、きっとゴローニンたちは釈放されるだろう」と説得したのです。

幕府もまた、これ以上紛争が拡大しないよう方針を転換し、「ロシアがフヴォストフの襲撃は皇帝の命令に基づくものではない」ことを公的に証明すればゴローニンを釈放することとし、説諭書「魯西亜船江相渡候諭書」を作成し、ゴローニンに翻訳させました。

1813 年 5 月、嘉兵衛とリコルドらは、ディアナ号でペトロパブロフスクを出港、国後島経由、箱館に向かいました。8 月 13 日にゴローニンは、箱館へ移送、29 日、嘉兵衛が見送る中、ディアナ号が箱館を出港し、事件が終結したのでした。

高田屋嘉兵衛については、三波春夫の長編歌謡浪曲「千島を守った男　高田屋嘉兵衛」があり、2000 年には竹中直人主演で NHK ドラマにもなりました。

コラム　嘉兵衛と司馬遼太郎

淡路島生まれの高田屋嘉兵衛は北前船で北海道に渡り、今の北方領土に次々に「場所」を作り、アイヌと交易した回船問屋であり、海商です。

まずもって、司馬遼太郎『菜の花の沖』には敬意を表します。1993 年に第 1 回「ビザなし」訪問で色丹、国後、択捉の 3 島を訪問して以来、この本を持ち歩いて、乗船「コーラルホワイト」や「エトピリカ」の艦橋や甲板で航路の左右を見、あるときは海に突き出たような山の美しさや海の清らかさに見とれていました。訪問したことのない司馬がどうしてこうも正確に描写

できるのか感心したのでした。筆者は、国際赤十字の駐在代表として 1973年に南ベトナムにいたのですが、取材旅行に来られた司馬とは数回お会いしました。新聞記者だった人らしく、聞いた話や見たもの感じたことを実に克明にメモしておられ、「う〜ん、それで？」と次を催促するのです。

コラム　ロシアに嘉兵衛の名が遺る

　ロシアには唯一、日本人の名前の付いた山があります。ゴローニンとリコルドの子孫がロシア地理学会とサンクト・ペテルブルグの貴族会を通じて提案したことを受け、カムチャッカ州政府は 2006年、ペトロパブロフスク・カムチャツキー市から臨むナリチェヴォ自然公園内にある 3つの山に、「カヘイ峰（1,054m）」「ゴローニン山（1,333m）」、「リコルド山（1,205m）」と名付けらました。カヘイ峰は北緯 53度 34分 50秒・東経 158度 45分 23秒に位置します。1999年に嘉兵衛生誕 230周年記念事業として、リコルドの子孫が嘉兵衛の故郷である兵庫県洲本市（淡路島）の招聘を受け、ディアナ号の出航地である北海に臨むクロンシュタット市長からの親書を携えて来日しました。これを契機に、2001年両市が姉妹都市となりました。

リンドバーグが国後島を訪問

　1927年に大西洋単独無着陸飛行に成功したチャールズ・リンドバーグ（1902〜74）とアン・モロー夫妻が 4年後に国後島に不時着したことをご存知でしょうか？　リンドバーグは後に「言葉は通じなかったが、彼らのお辞儀と微笑は実に奥ゆかしいもてなしだった」と記しています。

　夫妻は 1931年に、パンアメリカン航空から依頼された北太平洋航路調査のためロッキードの水上機シリウス「チンミサトーク号（チンミサトークはイヌイットの言葉で『大鳥』の意）」でニューヨークからカナダ、アラスカを経て、飛来しました。

　8月 23日に国後島、翌日には根室町、26日に茨城県の霞ヶ浦を訪

C. リンドバーグ　　　霞ヶ浦と思われる場所での歓迎風景（歴史写真会「歴史写真」
　　　　　　　　　　（1931年10月号）より

問しました。その後大阪、福岡を経て、中華民国の南京と漢口まで飛行しました。

　2人は根室を目指したのですが、地理を見失い、国後島の東沸湖(とうふつこ)に着水したのですが、そのときのことをアン夫人が記した手記にこんな記述があります。

　「根室を目指したが濃霧で方角を見失い、わずかな雲の切れ間から湖が見えたので降り立った。岸に近づいていくと、1人の老人が小舟を漕いでわたしたちを迎え、小屋に案内してくれた。英語で『ここはどこ？』と問いかけても、老人は一礼をして微笑むばかりだった」。

　夫妻が持っていた地図を見せると老人は、北海道に近い島を指し、夫人が「クナシリ？」と聞くと、老人は笑顔を見せて大きく頷いたのだそうです。

　国後島でのリンドバーグについては、外崎秀雄と清水虎亀与(とらきよ)がビールを持参して出発を見送ったという記録（清水『北方領土國破而無山河　東沸物語』自費出版）があります。

　アン・モロー夫人は、飛行記録として『NORTH TO THE ORIENT』を書きました。夫と飛行するため、無線通信士の資格を取得し、後には作家にもなりました。

140

リンドバーグ夫妻を迎える安藤石典根室町長。安藤は1945年12月1日、GHQに北方4島の米軍による占領を求めて上京した、北方領土返還運動の先駆けとなった人。今でもこの日に、根室市とその出身者からなる根室会が主催して、東京の銀座周辺でパレードを行っている。

　8月24日、北海道・根室は街中に興奮が渦巻いていました。世界を沸かせたリンドバーグの操縦する水上機が、根室港に着水したのです。しかも、前日、根室無線局との交信が途絶え、約14時間にわたって"行方不明"になっていたのが突然やって来たのです。

　小屋で暮らす老人と少年に芋と魚の煮物、米飯を振る舞われ、天候が回復するまで14時間ほど滞在しました。そして別れのとき、夫妻は覚えたての「ありがとう」を繰り返し、根室に向けて飛び立って行ったのでした。

　リンドバーグは第二次世界大戦では、ガダルカナル島の戦いで米軍が日本兵の遺体をブルドーザーで転がして集めたことやその遺骨でペーパーナイフを作って持ち帰っているといったことを非難しています(『リンドバーグ　第二次大戦日記』　新庄哲夫訳、新潮社)。

　この項目については、根室市歴史と自然の資料館の猪熊樹人学芸員からいろいろご教示をいただきました。

冬季五輪で日本初の「銀」　猪谷千春は国後島生まれ

　1956年、コルチナダンペッツォ(伊)で開かれた冬のオリンピックのスキー回転で銀メダルを獲得した猪谷千春(1931〜)は、「日本スキー界の草分け」として各地にスキー場を開いた猪谷六合雄(1890〜

1956年、コルツィナダンペッツォ冬季五輪での猪谷千春。JOCの資料から

1986）と、「日本初の女性ジャンパー」定子の長男です。日本人選手がアルペン種目でメダリストになった例はほかにありません。1931年5月20日、北海道は国後島のオホーツク海岸・古丹消で生まれました。千島で春に生まれたから千春、弟は夏に生まれたから千夏でした。千夏は早世しました。当時、国後や択捉のことは千島と呼んでいたのは事実ですが、それは俗称で、日本政府は、1875年の「樺太千島交換条約」で個々に名を挙げている18島が千島であるとし、それゆえに両島は、1951年のサンフランシスコ講和条約で日本が放棄した千島に、含まれていないと主張しています。

　六合雄は1924年樺太をスキーで走破するなど、一流のスキーヤーであり、かつ、スキー指導者、スキー場開設者としても知られています。サハリンの州都ユジノサハリンスク（旧・豊原）の旧・樺太神社の上にある朝日山のスキー場（現・「山の空気（ゴールヌィー・ヴォーズドゥフ）」スキー場）は六合雄が開いたものですが、現在も、デンマーク製の最新式ゴンドラを備え、大勢のスキーヤーが集まっています。

　千春は1934年から、父によるスキーの英才教育を受けましたが、一家は35年、六合雄の出身地である群馬県赤城山に戻りました。

　筆者は、猪谷と30年ほど前にお目にかかったとき、「国後島で3歳まで過ごされた方として、ぜひ、北方領土返還運動にご参加いただきた

い」と率直に申し上げました。しかし、「わたしはIOCのメンバーとして（その後、副会長も歴任）政治には関わることができない」とかわされました。「これは全党派が加わり、国会でも何度も決議されている国民全体の問題なのです」と説得しましたが、公私とも多忙な時期だったようで、今日まで、何一つ、役割を担っていただいたことがありません。

日本オリンピック・アカデミー（JOA）というIOC公認の学術研究団体があり、数年来、筆者は一会員、猪谷は初代会長であり、今は名誉会長であるという「雲の上の人」ですが、会合でお目にかかり、お話する機会もあるのです。商業主義と国威発揚で固まった感のある今のオリンピックで、「政治に関わることはできない」などという人の話を素直（ナイーブ）に聞くほど、筆者も若くはないと自分に納得したのです。

北極海航路で国後島にビール工場が

1998年夏、北極海に面するロシアのムルマンスクからベーリング海峡を経由して、一隻の原子力貨物船が北方領土の国後島に、「ビール工場」を運んできました。日本のメディアにはほとんど無視されていましたが、ロシア側からの情報に注目し、直後の「ビザなし（正しくは旅券なし）訪問」で同島東岸の古釜布港を訪問しました。「工場」といってもわずかコンテナハウス2個でしたし、ビールはウォッカ愛好者たちにウケず、2年間で消滅しましたが、ロシアの実力を見る思いや、このルートの重要性など、将来への示唆を得ました。もちろん、そこのビールが「特別苦かった」のには閉口しました。

実際には、その後、北極海では温暖化が他の地域の2倍の速さで進んでおり、海洋研究の各国の専門家からは、10年後には夏場には北極海の氷が完全に姿を消す可能性が高くなったといわれています。そうなれば、アジアとヨーロッパの距離はスエズ運河経由の南回り航路より30％以上短縮され、時間や費用の削減、そして、北極海に周辺の石油、

天然ガスなど資源の活用も困難さは一挙に減少すると思われます。

　北極に関しては 1996 年、米・露・加・諾・丁・典・芬・アイスランドの北極圏 8 カ国によって北極評議会（AC）が設立され、持続可能な開発目標（SDGs）や環境保護などを話し合ってきています。日本は 2013 年、中国、韓国、インドなど非北極圏国 13 カ国とともに AC オブザーバー国として参加しています。

　他方、南極大陸については 1957 年と翌年の国際地球観測年（IGY）で、南極における調査研究に協力体制を築いていた日、米・英・仏・ソ・豪・白・NZ・アルゼンチン・チリ・諾・南ア 12 カ国が、59 年に南極条約を採択し、①南極地域の軍事的利用の禁止、②科学的調査の自由と国際協力、③南極地域における領土主権、請求権の凍結、④核爆発、放射性廃棄物の処分の禁止などを取り決めています。しかし、北極圏についてはそうした取り決めはありませんが AC も軍事・安全保障に関する事項は扱わないとしています。

　2014 年のソチ冬季オリンピックのための聖火が、前年の 10 月末、原子力砕氷船「戦勝 50 年」号がムルマンスクに戻り、海氷上での聖火リレーや AC 8 カ国の国旗を掲げたセレモニーの写真や映像を組織委が公表しました。北極圏は航路としての価値のほか、膨大な資源があると言われ、経済的価値は大きく、各国の動きも活発になってきています。特に中国は北極海航路を「氷上のシルクロード」として、広域経済圏構想「一帯一路」政策と結び付ける考えを示し、注目を集めています。

　1993 年から 6 年間、日本財団を中心に露・諾両国の専門家を交え、国際共同研究プロジェクトを実施し、北極海の通年運航は技術的には可能であるとの研究成果を発表しました。

　その中心になった笹川陽平日本財団理事長（現・会長）は「わが国は海に守られ発展してきた。今こそ世界の先頭に立って海を守るべき立場にある。基本計画では国際社会が納得する存在感のある総合戦略が打ち

出されるよう期待する」と産経新聞（2018年3月16日付「正論」）で主張しています。

コラム　北方領土周辺にはクジラがたくさん

　竹島を発見したのはフランスの捕鯨船リアンクアール（Liancourt）号であり、欧米では今でもしばしば「Liancourt Rocks」と呼ばれます。

　近年、小笠原の父島ではホエールウォッチングが観光の目玉になっていますが、北方領土周辺は戦前からクジラの「魚場」でもありました。戦時中に魚船は軍用にどんどん調達されていきましたが、アシの早いことからキャッチャーボートは、今の北方領土や千島との貨客船として重宝されていました。

　北方領土周辺には「クジラが少なくとも2,000頭はいる」と15年ほど前、北海道大学水産学部の大泰司紀之教授（現・NPO法人北の海の動物センター会長）から伺いました。筆者は北方領土には10回以上まいりました。イルカが飛ぶのは毎回ですが、一度だけ、クジラが見事に海面で潮を吐くのを見たことがあります。今ならもっと増えているのでしょうね。

　IWC（国際捕鯨委員会）からの脱退を通告した日本は、南極海と北西太平洋で行ってきた調査捕鯨を、2019年6月30日に30年ぶりにやめることになります。7月からは日本の沿岸12カイリの領海と沿岸から200カイリのEEZで、IWCが規制する鯨種も捕獲できるようになります。つまり、IWCが採択した計算方式で資源回復が確認されているミンククジラやイワシクジラなどを捕獲できるようになったのです。

　IWCは加盟89カ国。水産庁の資料によれば、日本、諾、アイスランド、露、丁、ギニアのように捕鯨国も41カ国あれば、豪、NZ、伯、米、英のように捕鯨反対を主張する立場の国も48カ国あるとみられています。日本が国際条約から脱退するのは戦後きわめて稀です。

第6章　北方4島返還への道　145

第7章　沖縄県の島々

明と薩摩に朝貢していた琉球王国

　琉球王国は明の皇帝に貢物を贈り、見返りとして多額の商品（朝貢貿易）を得ており、那覇港は明・日本・朝鮮と東南アジア諸国を結ぶ国際的な港として、品物を日本や東南アジアに販売することで利益を上げていました。この利益を抜きに、幕末に薩摩があれほどの主役たりえた理由が見当たりません。

　薩摩藩は家康から許可を得て、1609年に琉球王国を征服して検地を行い、同王国には、薩摩に年貢を納めるように命じました。幕末の琉球王国は「ペリー訪琉」をはじめ、欧米列強の脅威にさらされていました。欧米各国の船が訪れ、開国を迫ります。1853年、ペリーは首里城で国王に対面し、米大統領サイン入りの親書を呈示し、開国を迫りました。そして、翌年、日米和親条約を締結して帰国する途中、ペリーは再び那覇に立ち寄り、琉球を開国させました。

　明治になって日本はどこまでが日本の領土なのか、国境の画定が急がれました。そして、1855年、ロシアとの交渉で択捉島以南を日本領とし、1876年小笠原諸島の領有宣言を行ない、領土画定には琉球の国境確定が最重要の課題になりました。

　明治政府はまず、1872年、それまでは独立国として扱ってきた琉球王国に、内務官僚・松田道之（1839～82）を派遣し、中国との冊封関係の廃止を迫り、琉球藩として、その地が日本の一部であるとアピールさせたのです。この措置に対しては、沖縄の士族層を中心に反対運動がありましたが、政府は軍隊と警察官を差向けてそれを抑え、第二尚氏王統第19代の琉球国王・尚泰（1843～1901。在位：1848～72）を琉球藩王（在位：1872～79）とし、侯爵の爵位を与え、東京在住を余儀なくさせたのでした。

146

琉球としては、1854 年に琉米修好条約、55 年には琉仏修好条約、
59 年には琉蘭修好条約を結んでいましたが、琉球は外交権を失い、条
約は失効しました。独自に行ってきた清国との外交関係も遮断され、4
年後には裁判権や警察権も日本に統合となりました。79 年、日本政府
はさらに徹底し、尚泰琉球藩王とその周辺を軍事力で威圧しながら、首
里城を明け渡させ、琉球藩を廃止し、日本の沖縄県としました（琉球処
分）。

　ここに琉球王国は約 500 年で消滅したのでした。

　これより先、琉球を自らの属国とみなしてきた清は 1866 年に尚泰を
琉球国王に任命していました。その属国を第 3 国である日本が一方的に
統合することは到底納得できることではありませんでした。緊張した日
清両国は「琉球処分」の翌年、グラント元米大統領の仲介で、沖縄に関
する交渉をします。グラントの仲介案は次の通りです。

① 　沖縄を 2 つにわけ、先島諸島は清国に譲る

② 　日清修好条規を改めて、日本にも欧米と同じ特権を認める

というものであり、これに対して、清国代表の李鴻章は次の案を提案し
ました。

① 　沖縄を 3 分割し、先島諸島は清の、奄美諸島は日本の領土する

② 　沖縄本島は独立させる

　交渉の結果、日清両国はグラントの案で合意したのですが、清国が最
終的に受け入れず、グラント案は廃案になりました。決着したのは日清
戦争（1894 〜 95）で日本が勝利したことで、清国は引くしかありませ
んでした。

大東諸島の開拓者・玉木半右衛門

　1630 年ころ、オランダ人の地図で大東諸島が「Amsterdam」という
名で登場しています。ただし、沖縄の人たちは、「はるか東のほうにあ

第 7 章　沖縄県の島々　　147

玉置半右衛門

る島」という意味で「大東島(ウフアガリジマ)」と呼んでいました。1820年、ロシア人・ポナフィディンが大東諸島を「発見」、「ボロジノ諸島」と名付けられ、このころから欧米の地図では「ボロジノ諸島」と記入されました。

　1885年、日本が北大東島と共に南大東島の領有を宣言、島々は沖縄県に編入されました。玉置半右衛門(1838〜1910)は1900年、当時無人島であった南大東諸島の開拓を始めました。八丈島からの開拓団を率いての渡島でした。玉置は若いころ東京で大工をしたりしていましたが、たまたま羽毛布団を知り、その羽が鳥島方面から移入されたものであることから、南方の島々にただならぬ関心を持ち、人手をそろえて、鳥島にも渡りました。その後は順調に業績を挙げていたようです。

　南大東島ではサトウキビの栽培により精糖事業を軌道に乗せました。入植費用と生活費は玉置が出し、30年後、入植者には現地の土地が与えられるという約束でした。島には病院や学校、トロッコ鉄道や防風林も整備されました。

　1902年、鳥島が大噴火し、アホウドリの捕獲に関わっていた島民125人全員が死亡するという悲劇に遭遇しました。玉置一家は1893年に東京に移住していて無事でした。

　10年、胃腸病で玉置が亡くなると、2人の放蕩息子は事業を維持で

きず、16 年、南大東島の土地や事業は東洋製糖に売却されました。望月雅彦「玉置半右衛門と鳥島開拓　明治期邦人の南洋進出の視点から（南島史学 40、1992）」は玉置の南方進出を詳述しています。

ラサ島（沖大東島）のリン鉱石採取

　ラサ島は那覇市の南東 408km、南大東島の南約 150km の洋上にある隆起珊瑚礁の島です。ほとんどが鳥の糞と珊瑚の石灰質とが化学変化してできたグアノ（糞化石質燐鉱石）からなっています。名付けたのは、フランスがナポレオンの時代だった 1804 年に、近海を通ったフランスの軍艦で、ラサ（rasa）とは「平坦な」という意味です。

　正式な名前は「沖大東島」。日本初の農学博士の一人である、当時、農商務省肥料砿物調査所初代所長を務めた恒藤規隆（1857 ～ 1938）らが、肥料の原料となるリン鉱石を発見し、ラサ島燐礦合資会社（現・ラサ工業）の創業者であり、その社長に転じ、一躍脚光を浴びました。以来、リン鉱石の国内唯一の産出地として、年間 160 万トンをも産出し、戦前は肥料の原産物の重要拠点となって、港までトロッコ路線が敷かれていました。

　現在は無人島ですが、わが国領海の基点をなし、地政学上、重要な位

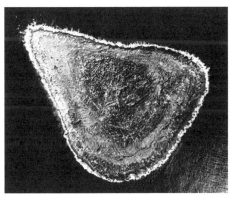
ラサ島（沖大東島）

創業者・恒藤規隆

昭和初期の「沖大東島」。リン鉱石採鉱施設や鉄道があった

置を占めています。

　昭和初期にはラサ工業の従業員ら、2,000人以上が暮らしていたようですが、空襲にあい、敗戦までに全員が引き揚げました。現在も同社の私有地です。また、米軍が空対地の射爆演習場として使用し、ラサ工業に使用料（非公開）を払っているそうです。

日本人が住んでいる最南端の島・波照間島

　日本人が居住する最南端の島は沖縄県竹富町に所属する波照間島です。島の面積は12.73km^2、一番高いところで標高60mです。こんもりとした森に包まれ、ところどころに集落がまとまっています。人口は496人（2018年3月末現在）と500人を割りました。

　波照間小学校は1984年に、中学校は49年に創立され、今では波照間小中学校として一体になっています。平成29年度には小学生は33名、中学生は12名、校長、教頭各1名、教諭12名、養護教諭1名、事務主事1名、図書館司書1名、学校栄養士職員1名、学校給食調理員2名、用務員1名の計21名。児童生徒数の半数が教職員という。校長先生に電話したところ、「日本で一番贅沢な学校かもしれません。そうそう、山羊7頭も飼ってますよ」と明るい声が返ってきました。

併設されている小中学校の正門前には、島内で唯一、交通信号機が設置されています。「島を出てからのことに備えているのです」。
　石垣島からは6人乗りの飛行機で10分ほどの間に着陸しました。自分の体重を申告して、機長が客と荷物の重量バランスを調整しながら、座席を指定されるのでした。
　波照間島は近年、若い人たちに人気なのです。それは日本で南十字星が見える天文台がある唯一の島だからです。もっとも、わたしが行ったときは3月でしたが、日ごろの行いを反映してか、いや、そんなことはない（はず）、3日間とも雲が多く、とても遠望できませんでした。負け惜しみで、昔、バングラデシュやベトナム、そして「そうそうアフリカで何度も見たよな」と自分に言い聞かせ、帰京しました。
　1978年、北海道根室市の納沙布岬に「四島のかけはし」を建設し、4島返還実現まで灯そうと、今日も燃え続けている火は、この波照間で採火したものを東京五輪のときの聖火トーチで森高康行(現・愛媛県議)、山本信也（現・日本青年館常務理事）両君らが全国をラリーして、国後島や歯舞群島が手の届くようなところに見える岬まで運んだのでした。

波照間島に建つ日本最南端の碑

古賀家が開拓した尖閣諸島
　尖閣諸島は、日本が実行支配している無人島群（久場島、南小島、北

第7章　沖縄県の島々　151

魚釣島（左）。古賀辰四郎を中心に、魚釣島の開拓にあたった人たち（明治末期か）（右）

小島など）で、行政区分では沖縄県石垣市字登野城2392番地にあたります。

　明治期に福岡県出身の古賀辰四郎（1856〜1918）が中心になって開拓しました。古賀は、24歳で那覇に渡り、茶と海産物を扱う古賀商店を開業、1882年石垣島に支店を開設したそうです。1884年職員が尖閣諸島の久場島を探検し、翌年、尖閣諸島でアホウドリの羽毛を採取させました。羽根布団の需要による商品価値の高さに目を付け、96年には、政府から尖閣諸島開拓の許可を受け、4島を30年間無料で借り受けました。さらに翌97年には35名を引率し、かつお節業に転じ、最盛期には247名、99戸が生活する古賀村を形成しましたが、1940年に事業中止に伴って無人島となりました。

1935年ころの古賀村

戦後の尖閣諸島は米軍の射爆場だった

　久場島は 1950 年代末以来、久しく使用されていないとはいえ、米軍の射爆演習場として利用されていました。

　尖閣諸島の問題を考えるとき、筆者は、戦後しばらく米軍が射爆演習をしていた写真や映像が、必ずどこかにあるはずなので、台湾や中国に「なぜ、そのときには尖閣諸島の所有権を主張しなかったのか」と伝えるべきであると考え、政府やメディアなど関係方面にも勧めているのですが、軍事機密なのでしょうか、どこもまだ見つけていないようです。

　台湾や中国はなぜ、米軍が実際に射爆場として使用していた時期には抗議しなかったのでしょう？　1970 年になって、その周辺に巨大な石油があるらしいという国連の調査が出てから自国領だと主張するのは「十日の菊六日の菖蒲」というものではないでしょうか。

　現在は、魚釣島、北小島、南小島の３島を政府が買い上げ、久場島は 89 年以降、埼玉県在住の栗原和子さん所有のままになっています。

　1970 年代から埼玉県さいたま市在住の日本人が私有し、日本国政府は 2002 年から年 2,112 万円で賃借していたのですが、2012 年 9 月 11 日に魚釣島、北小島、南小島の３島を 20 億 5 千万円で購入し、所有権移転登記を完了しました。島への定期船はなく、上陸や見学には漁船をチャーターしなくてはなりません。そのうえ、国際的な混乱を避けるため。上陸は海上保安庁の許可を取る必要があります。

　1995 年、石垣市に「古賀辰四郎　尖閣列島開拓記念碑」が建てられました。

　その過程で記憶に新しいのは、石原慎太郎東京都知事（当時）が栗原弘之と購入基本合意したことから、募金を呼びかけ、都有地にしようと発表しました。すると、6 日目となる 2012 年 5 月 2 日で 1 億円、7 月 7 日には 13 億円を超えました。筆者も貧者の一燈を寄付しましたが、野田佳彦内閣が急遽、9 月 11 日尖閣諸島を国有化したため、募金は鈍

奥が尖閣諸島で最大の魚釣島、手前が南小島、右が北小島。海上保安庁提供

化しました。それでも、翌13年1月末の募集打ち切りまでに14億円を超える寄付が寄せられました。

　集まった寄付金はその後、国の会計に納入されたようですが、寄付した人たちの中には「それはおかしい」と思う人が多く、抗議電話が殺到したと、当時の都の担当者は今でも言っています。募金は手つかずのままになっているようです。

コラム　国籍無き「平和」主義者の論

　20世紀末のことです。公益財団法人日本国際フォーラムが主催する「日中フォーラム」で、日本側を代表して基調報告をした天児慧青山学院大学教授（現・早大名誉教授）が「尖閣諸島については日中両国の考え方が大きく異なっている。ここは両国の共同管理とすることで、平和的解決を図るべきだ」という趣旨の発言をし、参加者たちを驚愕させました。中国側の出席者9人は社会科学院教授をはじめ、影響力のある方々であり、16人ほどの日本側参加者の半分以上は大使経験者でした。お互いに顔を見合わせて、さあどうしようという感じになり、中国問題の専門家ではない筆者ですが、口火を切りました。

　「尖閣諸島をそういう形で共同管理とすれば、今度は、沖縄は琉球王朝時代から中国への進貢国であったし、対馬は韓国が返還せよと言い始めた。日

本さえ、平安時代の初めまでは貢物を持って唐に挨拶に行っていた。これも中国に請求権があるかのような話にさえなりかねない。文句を言えば共同統治だの、共同管理というのはあまりに安易な、空想的平和主義だ」との要旨で反論しました。お2人の元大使もこの発言をフォローしてくださり、中国側からは何も発言はありませんでしたが、確実に「その筋」に報告されたでしょう。

コラム　フランスから譲り受けた新南群島

　近年、中国が埋め立てたり、滑走路を造ったりし、海軍勢力を大きく伸ばしているスプラトリー（南沙）、パラセル（西沙）両諸島。これらの島々は1939年、日本がフランス（仏領インドシナ）から外交によって引き継いだ島々です。新しく新南群島と名付けました。

　海軍中佐であり、海洋探検家とされる小倉卯之助（1877～1940）らが、第一次世界大戦終結直後の1918年12月26日に帆船「報効丸」でたどり着きました。この船は、先述の郡司成忠らが千島の探検に使用したという老朽船でした。

　また、日本統治下にあった台湾南部の高雄市を起点とする漁業者がマグロ漁の寄港地にしたり、貝の採取をしたりしていました。ちなみに、今でも、台湾（中華民国）はスプラトリー（南沙群島）最大の島である大平島に滑走路を持ち、高雄市の帰属としています。

　もとはといえば、日本のラサ島燐礦合資会社がリン鉱石を求めての「探検」だったようですが、海路図もないまま、うわさ話を頼りに沖縄を出航し、ついにいくつかの島々を見つけ出し、双子島、三角島などと命名してゆきました。また、ウエスト・ヨーク島（西月島）に占有の標柱を建てました。ちなみに、2016年7月12日の常設仲裁裁判所（PCA）の裁定では、この島は人間の居住または独自の経済的生活を維持できない岩であって、領海の基線とはなるがEEZ（排他的経済水域）の基線とはならないとされています。

第7章　沖縄県の島々　155

1920年には、副島村八予備中佐が、第2和気丸で2度目の探検を行い、ロアイタ島（中小島）やアンボアヌ島（丸島）を発見し、11の島の調査を行いました。このときに「新南群島」という名もつけられたのです。そしてラサ島燐礦合資会社は、翌21年には労働者をイッパア島（中島）に送り込み、グアノの採掘を始めました。また、日本統治下にあった台湾南部の高雄市を起点とする漁業者が、マグロ漁の寄港地にしたり、貝の採取をしたりしていました。

　最盛期には140人もの人々が採掘に従事していたそうです。しかし、1929年の世界恐慌の前後までで撤退してしまいます。

小倉卯之助

　その後、1933年に、ベトナムなどインドシナを支配下にしていたフランスがこれらの島々の領有宣言をしてしまいました。これを知った日本の世論は沸騰し、機を見た大阪毎日新聞社が探検隊を派遣します。台湾の高雄港から出発した探検隊は、かつて日本人が操業していた島々で調査し、フランスの宣言を無効として、1939年4月、日本の新しい領土「新南群島」として発表したのです。軍事力を直接的に用いない領土の拡張はあまり例がなく「静謐外交」として記憶されています。

第8章　日本海の島々

日本の「最西北端」の島・対馬

　九州と朝鮮半島のほぼ真ん中に位置する対馬は古来、戦略の要衝といっていい、重要な位置を占めてきました。

　対馬は歴史的に日本と朝鮮半島との交流の中心でした。江戸時代にはここを経由して朝鮮通信使という大掛かりな使節が、江戸（今の東京）まで何度も通過しましたし、半島南端、釜山(プサン)の近くには対馬藩の、いまでいう大使館のような施設があり、その町は今でも倭館(ウェグアン)という地名になっています。

　対馬にはこの島にしかない植物（固有植物）であるシマトウヒレンやマギボーシ、そして大陸と対馬にしかない（日本では対馬にしかない）植物であるゲンカイツツジ、キビヒトリシズカ、ナンザンスミレ、ハクウンキスゲといった珍しい植物も咲きます。中でも、ヒトツバタゴは釜山が見える島北端の鰐浦(わにうら)に日本唯一の群生地があり、1928年に国の天然記念物に指定されました。

　対馬から釜山までは49km余。船で日帰りできる距離ですし、実際、フェリーを使って、毎日のように、韓国から大勢の観光客や魚釣りをする人がやって来ています。

　計算上は、219.5km離れた平地から、富士山の頂上がかろうじて見

対馬市鰐浦の韓国展望台から見える釜山

えるのですから、対馬鰐浦の浜辺から、肉眼でも釜山の灯かりは容易に見ることができるのです。

ロシア軍艦による対馬占領事件

　江戸時代の末期、1861年2月、ロシアの軍艦ポサドニック号が対馬の浅茅湾(あそうわん)に停泊しました。英国の対馬占領の野心を牽制しようとしたようですが、口実は、船体修理でした。しかし、付近を測量し、3月には芋崎に永住施設を建設したので、対馬藩は挙げて抵抗しました。しかし、ニコライ・ビリリョフ艦長は港とその周囲の永久租借権、遊女の差出を要求しました。幕府が下手なことをすれば、軍事占領かと最大限緊張しました。

　5月、幕府は外国奉行・小栗忠順(おぐりただまさ)を派遣し、撤退を求めましたが効果なく、6月、対馬藩は幕府に移封願を提出する事態となりました。事態を憂慮したイギリスの駐日公使ラザフォード・オールコックはたまたま香港にいましたが、英国東インド艦隊司令官ジェームズ・ホープと協議し、8月14日、軍艦2隻を対馬に派遣して、イギリスが事態を注視していることを示して威嚇することを幕府に提案し、幕府も了承しました。

　この間、老中・安藤信正は、箱館奉行・村垣範正に命じてロシア領事に抗議を行わせました。これまでビリリョフの行動を放置していたロシ

N. ビリリョフ艦長

露艦ポサドニック号(1862年に寧波(ニンポー)にて)　R.オールコック駐日英国公使

ア領事ヨシフ・ゴシケーヴィチは、イギリスの干渉に形勢不利を察し、軍艦オフルチニックを急派し、ビリリョフを説得しました。9月19日、ポサドニック号はようやく退去したのでした。

　ちなみに、オールコックは1860年9月11日、富士登山に成功しました。今の静岡県富士宮市付近から登る「大宮・村山口登山道」を利用したのですが、これは江戸時代には最も利用された登山道だったそうです。外国人の登山者第1号と記録されています。

韓国の「対馬島返還要求決議」

　2008年7月21日、韓国の議会に「対馬島返還要求決議案」が韓国国会議員50名により提出されました。現在は日本が領有している対馬が本来は韓国領であり、その返還を要求するという趣旨です。決議案の具体的内容は、①対馬が韓国固有の領土であることを韓国内外に対し明確にする、②日本に対馬の韓国への返還を促す、③韓国に官民学合同の「対馬島返還対策機構」を設置する、④「対馬島の日」を制定する、などです。

　提案理由として、「対馬は歴史的にも地理的にも明白な韓国固有領土だったが、1870年代に日本により不法占領された」とありますが、その根拠は明示されていないし、筆者には見当がつきません。「決議案」提出直後に韓国のテレビ局CBSが行った700人に対する世論調査では、50.6％が賛成、33.5％が反対という結果でした。

　韓国の地方議会の例を見ると、軍事境界線に近い京畿道議政府市議会が2013年3月22日に、「対馬が地理的、歴史的、科学的に韓国の領土であることは明らかだ」とし、韓国政府と国会に対応を求め、日本政府に対馬島の即時返還を要求する決議を採択しました。また、2005年3月18日、慶尚南道馬山市（現・昌原市）も「対馬島の日」条例を制定しています。

第8章　日本海の島々　159

北方領土、竹島、尖閣、大会や決議が

日本では、1980年、衆参両院において「北方領土の日」の設定を含む「北方領土問題の解決促進に関する決議」が全会一致で決議され、全国の都道府県議会や市町村議会、全国知事会、全国市議会議長会、全国市長会、全国町村会などにおいても同様な決議が行われました。こうした動きの中で、1981年1月6日、毎年2月7日を「北方領土の日」とすることが閣議了解（鈴木善幸内閣）によって決められ、この日には官民共催による「北方領土返還要求全国大会」が開催され、内閣総理大臣をはじめ各党派の幹部たちがそろって、出席しています。ちなみに筆者はその第一回大会の責任者の一人でした。

また、竹島については、島根県議会が2005年は、竹島を日本の領土であると閣議決定（桂太郎内閣）から100周年にあたることを記念して、同年3月16日に2月22日を「竹島の日」とする「竹島の日を定める条例」を制定し、澄田信義島根県知事もこれを全面的に支持しました。

そして、尖閣諸島については沖縄県の石垣市議会（知念辰憲議長）は2018年5月25日の6月定例会最終本会議で、尖閣諸島の字名を現在の「登野城」から「登野城尖閣」に変更するよう市に求める決議案を賛成多数で可決しました。この決議では、「政府は領土問題は存在しないとしているが、取り巻く環境は厳しい中で何ら対策が講じられない現状を憂う」とし、尖閣を行政区域として預かる市が「適切な対策を講ずることが必要不可欠」と指摘し、変更を求めました。

配流の島①　佐渡島

佐渡島の面積は854.76km^2。これは、択捉島、国後島、沖縄本島に次ぐ、わが国で4番目に大きな島です。海岸線の長さは262.7km、最高地点は金北山頂の1,172m、堂々たる島構えです。人口は6万弱。

大化の改新の後、8世紀以前に佐渡国とされ、後に佐渡島は流刑の地

となりました。

　　　百敷や　古き軒端の　しのぶにも　なほあまりある　昔なりけり
は『百人一首』にも掲載された順徳天皇（1192 〜 1242）の御製。順
徳天皇は後鳥羽上皇の第 3 皇子。鎌倉幕府打倒を目指し、「承久の乱」
を企てたが、失敗。佐渡在島 21 年の後、佐渡で崩御しました。「南無
妙法蓮華経」を唱えた日蓮宗（法華宗）の宗祖・日蓮（1222 〜 82）、
権中納言を辞任し、倒幕計画が漏れて捕縛（正中の変）、配流され、43
歳で斬首された日野資朝（1290 〜 1332）、能の大成者である世阿弥は
足利将軍家と関係が難しくなり、ついには佐渡に遠流となりました。そ
のことに端を発するとされる能が盛んで、江戸時代、佐渡には 200 カ
所を超える能舞台があり、現在も 30 を超える能舞台が残っており、こ
れは昔も今も人口当たり日本一です。

　1600 年の関ヶ原の戦い以降、佐渡は徳川家の直轄地・天領となり、
翌年、金鉱が発見され、幕府は佐渡奉行所を設け、流人などを送り込ん
で採掘にあたらせました。

　佐渡金山は国内最大の金の産出量を誇っていましたが、江戸時代の終
わりごろから衰退し、1951 年に閉山となりました。島には「鬼太鼓」
という神事芸能が 300 年伝わっており、太鼓の音に合わせて鬼の面を
つけて舞うことで知られ、それを舞台で演奏する形にした「鬼太鼓座」
が国内外各地で大人気になっています

配流の島②　隠岐の島

　島根半島の北約 50km、北緯 36 度線付近（韓国・慶州とほぼ同じ緯度）
に位置するのが隠岐諸島（隠岐の島）。全体の面積は 345.92km^2、島後
水道を境に島前と島後に分けられ、島前は群島であるのに対し、島後は
1 島だけ。島後は約 242km^2 で、徳之島に次ぐ国内で 15 番目の面積で
す。最高峰は島後の大満寺山（標高 608m）。人口は 2 万人弱 19,949 人。

第 8 章　日本海の島々　161

ほぼ全域が大山隠岐国立公園に指定され、国賀海岸には高さ257mに達する日本一の海食崖(波浪の作用によって形成される海岸の急な崖)が連なっています。

　古来、隠岐は遠流の島として知られ、「百人一首」の

　　わたの原　八十島かけて　漕ぎ出でぬと
　　　人には告げよ　海人の釣舟

でも知られる参議・小野篁(802～853)、謀反の罪で捕らわれた伴健岑(生没年不詳)、平安時代中期の軍事貴族・藤原千晴(同)、平安中期の武将で同族との合戦をとがめられた平致頼(？～1011)、対馬守に任じられながら九州で略奪と官吏殺害をした源義親(？～1108)、違勅(勅令違反)の罪を問われた板垣兼信(生没年不詳)、年貢を巡る延暦寺との争いで流罪となった佐々木廣綱(？～1221)、「百人一首」の

　　ひともをし　ひともうらめし　あぢきなく
　　　世を思ふゆゑに　もの思ふ身は

で知られる後鳥羽上皇(1180～1239)。この上皇は鎌倉幕府執権・北条義時に対する討伐の兵を挙げた承久の乱で敗北したため、隠岐の島に配流され、1239年に島で崩御しました。さらに第96代天皇である後醍醐天皇(1288～1339)は鎌倉幕府に対する討幕を企図して、2度失敗し、隠岐に島流しとなりました。しかし、見事に島を抜け、挙兵し

後鳥羽上皇(左)
後醍醐天皇(右)

て南朝の初代天皇となったのです。また、後陽成天皇の女官と密通した罪（遊蕩の罪）による飛鳥井雅賢（1585 〜 1626）なども隠岐に流されました。

また、渤海や新羅との交渉も記録されています。763 年には渤海から戻ろうとした送使判官・平群虫麻呂の一行が隠岐に漂着し、825 年には渤海国使・高承祖ら 103 人、861 年には渤海国使・李居正ら 105 人が隠岐に来着しています。888 年には新羅国の 35 人漂着、943 年には新羅船 7 隻が立ち寄るなど現実に新羅との関わりが生じました。

下って、明治維新のころの話。天領（徳川家の領地）だった隠岐を預かる松江藩の役人を島民らが追い出した「隠岐騒動」がありました。「文事」「軍事」などの部門を整え、独立ではなく、天皇の名のもとに、80 日ほど自治政府を維持したことが記録されています。

配流の島③　奄美大島

筆者には同年同月同日生まれの友人が 3 人おり、しかも、その 1 人の T とはほとんど隔週 1 回のペースで難民審査参与員という準公務でご一緒しています。T は奄美大島は喜界島の出身。1177 年平家を倒さんとする鹿ヶ谷の陰謀に関わったとされる俊寛僧都 (1143 〜 79) が終生（とはいえ約 2 年間で逝去。享年 36）流されたことで有名です。先年、その地を案内していただき、胸が詰まる思いをしました。

また、2018 年の NHK 大河ドラマ「せごどん」ですっかり知られるようになりましたが、西郷隆盛（1828 〜 77）は、1859 年暮れから奄美大島の徳之島に 2 年余り潜居させられ、さらに 62 年 6 月から 2 年近く、鹿児島からは徳之島よりさらに遠い沖永良部島に閉じ込められたのでした。釈放されたときは京都に戻るも足腰が立たなかったと伝えられています。

第 8 章　日本海の島々　163

第9章　竹　島

韓国が占拠する・竹島

　日本海の真ん中付近に位置する竹島の総面積は約 0.21km^2、東京ドーム5つ分くらいのほとんど岩でできている島です。島根県隠岐の島町に所属する2島37岩礁。韓国側は獨島と呼んでいます。

　仏の捕鯨船が18世紀に見つけたので、「リアンクール岩礁（Liancourt Rocks）」というのが欧米の日韓両国に偏らない立場での呼称です。最頂部は男島が海抜168m、女島が海抜98m。そそり立つ断崖絶壁で、飲料水に乏しく、居住環境はきわめて厳しいとされます。

　1905年1月28日、閣議決定をもって竹島の島根県への編入を決定し、同年2月22日島根県知事により、日本の領土であると告示したのでした。

　西郷町の中井養三郎がアザラシ・アシカ漁のためにリャンコ島（竹島）の賃貸を政府に求めたことがきっかけになり、日本政府は無主地であった竹島を島根県隠岐島司の所管とし、島根県知事により官報その他で公示しました。しかし、韓国政府をはじめ、いずれの外国からも異議の申し出はありませんでした。

　当時は日露戦争の末期。5月27日の日本海海戦では砲声が響き、隠岐島にはロシアの水兵らの遺体が数十体流れ着きました。漁師たちが供養した墓が、西郷湾に近い丘にあります。

　竹島は1952年以降韓国が占拠し、実効支配を継続しています。現在は2家族の住民がいて、連日やってくる大勢の観光客の世話をしています。1946年、GHQ（連合国最高司令部）がSCAPIN　第677号で竹島（独島）を日本の施政区域から除外しました。52年1月、韓国は李承晩ライン設定により島を韓国側水域に含め、52年4月のサンフランシスコ講和条約の発効後、武装警察官を常駐させて実効支配を始めたの

です。もちろん、日本政府はそれ以来、「不法占拠」として抗議を継続してきています。「李ライン」は 65 年の日韓基本条約で廃止されましたが、この条約は「竹島の帰属問題」を棚上げしたままなのです。

竹島遠景　　　　　　　　　　　　　上空から見た竹島

　2005 年、竹島を島根県の所属とした閣議決定から 100 周年にあたり、同県議会は 2 月 22 日を「竹島の日」と制定しました。

　北方領土返還運動については、全国 47 都道府県に「北方領土返還要求○○県民会議」がありますが、東京都は「返還要求」ではなく「返還を求める」と多少ニュアンスを和らげています。また、島根県は「竹島並びに北方領土返還要求島根県民会議」となって、なかなか活発に運動を展開しています。2018 年 11 月には根室の関係者と筆者が講師となり、中国四国地方の教師と作文コンクールで高成績の中学生たちが集まり、研修会を開催しました。

　大事なことは、日本の主権にかかわる領土問題はいろいろつながりがあるということです。分かりやすいのは、2010 年 11 月 1 日、ドミトリー・メドベージェフ露大統領が、ロシアの元首として国後島を初訪問したときのことです。日本の抗議の声が小さかったのを見て取った韓国の李明博（イミョンバク）大統領は 12 年 8 月 10 日、韓国の大統領として初めて竹島に上陸したのです。

第 9 章　竹　　島　165

距離の遠近は帰属と無関係

　日本領・隠岐と竹島の距離は両島の一番近い所で約157km、韓国領・鬱陵島と竹島の距離は両島の一番近い所で約87kmですから、確かに、竹島は鬱陵島の方が隠岐の島より近いのですが、距離の遠近が帰属と関係ないことは、フォークランド紛争でも明らかです。アルゼンチンからすぐの場所であっても、フォークランドは英国の領土なのです。

　韓国は竹島を実効支配し、軍に近い装備を持つ独島警備隊の武装警察官40名と、灯台管理のため海洋水産部職員3名が常駐しています。また、1991年からは、漁師であるキム・ソンド（김성도）、キム・シンヨル（김신열）夫婦など民間人の居住を認め、結婚式が行われたり、戸籍を竹島に置いたりしています。

　また、海軍や海洋警察庁がその領海海域を常時武装監視し、日本の海上保安庁の船舶や民間の漁船はこの島の領海内には入れない状態が続いています。全体が東島、西島と37の岩礁から成っているのですが、東島にはレーダー、砲台、船舶の接岸場、警備隊宿舎、灯台、送受信塔、ヘリポート、気象観測台などを設置し、西島には漁民2人が居住しています。ヘリポートは近年、40人が搭乗できるような大きなものまで離着陸できる規模になりました。

　竹島の観光地化も進んでおり、「毎年30万人もの観光客が鬱陵島経由で訪れ、日本人80人を含む120人の外国人も訪れている」と、2011年にこの島を訪れた畏友・山本皓一フォト・ジャーナリストは語っています。「鬱陵島を出るとき、海洋警察から、日本の国旗は持ってないね」とだけ聞かれたということです。

　ただし、竹島問題の専門家であり、島根県の竹島問題研究会の座長で、この問題に長く取り組んできた拓殖大学の下條正男教授、超党派の「日本の領土を守るため行動する議員連盟」の新藤義孝衆院議員（元総務相、祖父は硫黄島日本軍守備隊最高指揮官の栗林忠道陸軍大将）、平沢勝栄

衆院議員が先年、韓国経由で鬱陵島に向かおうとしたときは、渡航を拒否されました。

鬱陵島から不定期運航している観光船があり２時間程度で竹島に行くことができるようです。

日本人の竹島渡航について、外務省は「韓国による竹島の不法占拠が続いている状況の中で、日本人が韓国の出入国手続に従って竹島に入域することは、韓国の領有権を認めたと誤解を与えかねないので、渡航しないように」と、「国民の皆様のご理解とご協力をお願いします」と呼びかけています。

韓国は 2014 年 6 月 20 日に竹島南西沖の日本領海内を含む海域で射撃訓練を行うと日本側に対して通告し、日本政府は在韓国大使館を通じて訓練中止を要請しましたが、実施され、菅義偉官房長官は「竹島の領有権に関する日本の立場に照らして絶対に受け入れられず、極めて遺憾だ」と述べました。

韓国側の古文献・古地図には竹島のことは記載されているかということもよく話題になります。筆者は先年、韓国国防院を訪問したとき、ロビーの壁面に掲示されている大きな「古地図」に竹島が描かれていないのを見て、案外、今なら「ボーッと生きてんじゃねぇよ」とでもいうところでした。でも、モスクワでも生前は本当に懇意にしていただいたエフゲニー・プリマコフ首相の執務室の、これまた大きな「ロシア連邦全図」にまで日露の国境は択捉島の先というのが掲げられていて、「正しい世界地図ですね」との皮肉をいいつつも、爆笑したものでした。

韓国側が竹島を領有していた証拠は？

竹島は 1043 年の「カイロ宣言」にいう「暴力と貪欲により奪取した地域に該当するのですか」と質問されることがあります。

はっきりとお答えします。竹島は一度も韓国の領土であったことはな

く、日本が遅くとも17世紀半ばまでには領有権を確立し、1905年の閣議決定による竹島の島根県への編入により、領有意思を再確認した上、広く公表し、先に述べたように、その後もクレームもなく継続的に支配していました。こうしたことからも、竹島は、日本が韓国から奪取した地域ではないことが明らかです。

　もちろん、「鬱陵島」と「于山島」という2つの島を韓国側も古くから認知しており、その「于山島こそ、現在の独島（竹島）である」と主張します。しかし、朝鮮の古い文献で、于山島が、韓国側の言う独島であるという主張の証拠が見つかっていないのです。

　竹島問題について、「安龍福」という人物の名がでてくることがあります。安龍福（1657？〜没年不詳）は、韓国では教科書にまで出てくる「英雄」扱いです。1693年に鬱陵島（当時の日本名「竹島」）へ出漁し、島を管理していた米子の大谷家によって日本に連れて来られ、96年には鳥取藩に訴えごとがあるとして、自らの意思で日本に来て、追放された人物です。しかし、その後、安龍福は、みだりに国外に渡航したとして朝鮮で取調べを受けています。その際、安龍福は、「鬱陵島で日本人の越境をとがめた。日本人が松島に住んでいるというので、松島は于山島である。これもまたわが国の地だ」と言ったようです。このため、その後の朝鮮の文献で于山島と今日の竹島を結び付ける記述が生まれ、韓国側はこの安龍福の取り調べの際の供述を竹島の領有権の根拠の1つとして引用しています。

　この安龍福の供述は『粛宗実録』の1696年9月のところに記録されています。しかし、この文献からは、当時の朝鮮が安龍福の行動を関知しておらず、むしろ、その行動は朝鮮を代表するものではないと認識していたことが確認できます。

　日本には安が訪日したとの記述はありますが、竹島を朝鮮領だと認めさせたなどという記録はなく、幕府や藩の要人に会ったことも疑わしい

とされています。

安龍福は日本語が話せたようです。これは、安の出身地である釜山には、当時日本の出先機関である対馬藩の倭館があって、その周囲には朝鮮との貿易にかかわる日本人町が形成されていたことと関係があると思われます。ただし、朝鮮語も日本語も文字はほとんど書けなかったようだとみられています。また、後の朝鮮での証言記録と実際とは食い違う点が多数あり、日本では朝鮮政府の使者であるかのごとく振舞い、朝鮮では武勇伝を繰り広げた人物ではありますが、朝鮮の東萊府使は「風来の愚民が、たとえ作為する所があっても、朝家（朝鮮政府）の知る所ではない」と答えており、安龍福が朝鮮の役人や使者ではなかったこと、単独行動に箔を付けて虚偽の大言壮語していたことが明らかです。

韓国側からは竹島を領有していた証拠は示されていません。例えば、韓国側は、『世宗実録地理志』（1454 年）、『新増東国興地勝覧』（1531 年）など朝鮮古文献に名前が出てくる「于山（島）」が竹島のことであるとし、古くから自国の領土であったとしています。しかし、朝鮮の古文献や古地図にある于山島は、鬱陵島の別名であるのか、18 世紀以降の地図に描かれた于山島のように鬱陵島の脇にある別の小島（竹嶼）であっても、竹島ではありません。

ホンネでいいたい「日韓併合」

日本と朝鮮半島は 1910 年 8 月 29 日の「韓国併合ニ関スル条約」に基づき、大日本帝国が大韓帝国を併合して、1 つの国になりました。この状態は 1945 年 9 月 9 日に朝鮮総督府が降伏文書に調印するまで、35 年と 10 日間続きました。

このことについて韓国の人たちの「恨」の怨念は埋解できます。簡単に「もう過去のことじゃないか」と済ますわけにはいかないでしょう。しかし、ホンネで言うなら、1910 年の朝鮮半島の状況は、政治も経済

も軍事も社会制度も旧態依然で、日本が併合しなかったら、周辺のどこかの国の傘下になっていたのではないでしょうか。そしてまた、日本との併合であったから、教育、産業、社会秩序、信仰の自由など他の植民地宗主国が採った政策とはまるで違うものだったと思います。

　ただ、長い歴史で見れば、日本は文字、仏教、思想、文化など多くのものを半島経由で教えてもらいました。ですから、兄弟国の関係と言っても、本来は、半島が兄、我が国が弟の立場であったのです。それが、韓国の人たちにしてみれば明治維新で一挙に近代化をスタートさせ、急に成り上がった弟なのに、1875年9月20日に朝鮮の首都・漢城（ハンスン）に近い仁川（インチョン）北西の江華島（カンフアド）付近で朝鮮西岸海域を測量中のはずの日本の砲艦・雲揚（うんよう）号（井上良馨（よしか）艦長）が、江華島の永宗島（ヨンスンド）砲台と交戦しました（江華島事件）。これが「黒船」の形になって日朝修好条規締結への契機となったのが不快なのでしょう。

　ちなみに、この井上艦長は薩藩閥で、筆者の大学院の指導教授であった松本馨（かおる）教授の祖父にあたる人でした。松本教授によると、祖父は艦長とはいえまだ中佐だったそうで、「あのときの日本軍はひどいものだ。江華島の民家にまで踏み込んで家財道具から太鼓や笛などの楽器まで取り上げてきた」と語っていたそうです。しかし、その後は、薩摩閥を背負い順調に昇進し、軍務局長、常備艦隊司令長官、海軍参謀部長、佐世保、呉、横須賀の鎮守府司令長官等を歴任し、松本教授は「戦の現場は江華島事件だけだが、明治天皇にことのほかかわいがられ、東郷平八郎、伊東祐亨（ゆうきょう）と並ぶ元帥にもなった人だ」「おかげで自分の誕生日が昭和天皇とごく近いので、孫同士、しばらく一緒に育てられ、よく殴り合いもしたようだよ」と筆者らに語っておられました。レナード・モズレーの『人間ヒロヒト』（毎日新聞出版）には冒頭11ページにわたり、そうした話が出てきます。

　筆者が初めて韓国を訪問したのは、日韓基本条約発効直前の1965年

8月から9月にかけての約3週間。大学院生5人と、後に早稲田で国際政治の教授になった山本武彦君（当時政経学部4年生）が一緒である。滞在中に発刊された「中央日報」の創刊号に韓国の院生たちとのホンネをぶつけ合う議論が掲載されました。まだ、紙面に漢字がいっぱいという時代でしたから、内容はある程度分かるのですが、不勉強のまま突然、引っ張り出され、韓国側院生が徴兵などを経てかなり年齢に差があることや準備を怠っていたことの差があり、自称51：49くらいかなとはいえ、議論では押されてしまったように思います。

　ただ、韓国の人たち、とりわけ、梨花女子大生などには大もてで、毎日合コン状態でした。そして、新羅の旧都・慶州では、生徒のいない小学校で音楽の女性教師が、筆者たちが日本の学生だと知ると、さすがに日本の唱歌・童謡は避け、「埴生の宿」「ローレライ」など外国由来の曲（帰化曲）を演奏してくれました。微妙なものがあったのでしょう。日本は朝鮮半島の隅々の村に初等教育施設を作り、併合時代は教会と学校はどんな田舎に行ってもある、という社会環境を作りました。

　これは、韓国併合の10年前から併合した台湾でも同じことをし、両方に帝国大学を立てて英才を育成しました。松本教授は欧州の3有名大学を卒業して、京城帝大（現・国立ソウル大学校）や延世大学で指導にあたられました。1973年に筆者は、松本先生をソウルにご案内しました。先生にとってはセンチメンタル・ジャーニーだったでしょうが、延世大学のキャンパスを散策していると、偶然、李なんとか教授という方から「松本せんせ～い！」と声がかかったのです。お名前を失念してしまいましたが、激動の半世紀近くを経ての再会に、お二人とも感動しておられました。ソウルでその話をすると、「自分も小学校時代の宮﨑先生と会ってお礼を言いたい」「わたしはもうすぐ韓国銀行の頭取になるが、ぜひ、高橋先生を探してほしい」などという話がいろいろ舞い込んできました。

第9章　竹　島　171

井上良馨元帥

雲揚号

　日本統治の35年、いろいろ申し訳ないこともあったとは思いますが、宗主国としてけっして落第ではなかったと、その後、英、仏、西、葡、蘭、白(ベルギー)、米といった国の植民地だった国々を訪問したり、駐在する機会がありましたが、そのように思っています。

　「それは収奪だけだったか」と問う木村光彦青山学院大学国際政経学部教授の『日本統治下の朝鮮 ── 統計と実証研究は何を語るか』(中公新書)や「それは穏健かつ公平、現実的にして、日朝の相互発展を目指すものだった」と結論付ける、ジョージ・アキタ／ブランドン・パーマー共著の『日本の朝鮮統治を検証する　1910〜1945』(草思社)は客観的な視点で、日韓併合時代を正当に評価している質の高い著書と思います。

「三・一万歳事件」の悲劇

　もちろん、悲劇的な出来事もいろいろありました。特高や憲兵による日常的な尊大さで迷惑をかけたと思います。1919年の3月に京城をはじめ朝鮮半島各地で起こった反日行動「三・一万歳事件(サミルマンセサキョン)」をはじめとする独立運動や大小のトラブルもいろいろありました。

　その後、1929年には光州学生事件(クアンジュハクセン)もありましたが、「三・一万歳事件」は日本統治時代35年間で唯一の大規模な独立運動です。中心になった

172

のは李朝末期の東学を継承した天道教（朱子学とも、西学＝キリスト教とも異なる朝鮮独自の思想体系）の指導者たち。中でも、1894年の甲午農民戦争（東学党の乱）の失敗後、日本に亡命していた第3代天道教主・孫秉熙が、1903年帰国し、勢力を急激に拡大しました。事件に際し、組織や財政面で天道教が中心でしたが、キリスト教や仏教といった宗教勢力と学生組織とが結合して大きくなりました。折から、第26代朝鮮国王であり、初代の大韓帝国皇帝である高宗（1852〜1919）が1月21日に崩御され、その葬儀が3月3日に予定されていたこともあり、ナショナリズムが盛り上がり、抗日蜂起となったとみられています。

高宗は1907年、ハーグで行われた第2回万国平和会議に密使を送り、日本を糾弾しようとしましたが、列強は朝鮮半島における日本の優先的立場を国際秩序の1つとして了承済みでしたので、会議では全く無視されました。

ちょうど100年前の1919年3月1日午後、京城（現・ソウル）中心部・鍾路区のパゴダ公園（現・タプコル公園、탑골공원）に各宗教の指導者たちが集い、静かに「独立宣言」を読み上げるはずでしたが、近くの仁寺洞の泰和館に会場を移し、「宣言」を朗読し、万歳三唱をしました。中心的に参加したのは、孫秉熙以下、今日、「民族代表33人」といわれる、天道教、キリスト教、仏教の指導者などでした。

「宣言」そのものは、当然の内容であり、非暴力で、独立回復後は日本との真の友好関係を求める内容です。

【宣言の内容】

　　吾らはここに、我が朝鮮が独立国であり朝鮮人が自由民である事を宣言する。これを以て世界万邦に告げ人類平等の大義を克明にし、これを以て子孫万代に告げ民族自存の正当な権利を永久に所有せしむるとする。

1919年1月18日からパリのフランス外務省で、第一次世界大戦の

戦後処理について討議する会議が開催されました。会議の1年ほど前（第一次世界大戦末期）、ウッドロー・ウイルソン第28代米大統領（1856〜1924）がウラジーミル・レーニンの「平和に関する布告」に対抗して「14カ条の平和原則」を発表し、その1つに「民族自決」があったのです。

　会議のテーマは、主として、敗戦国であるドイツの海外領土の処理やバルカン半島での民族国家の独立でしたが、9年前に日本に併合されていた朝鮮民族の知識層は、大いに刺激を受け、この機会に日本からの独立回復をと主張したのです。

　ウィルソンは新世界秩序を掲げて講和会議を主宰、国際連盟の創設に尽力し、その功績により、1919年のノーベル平和賞を受賞しましたが、議会の孤立主義の前に、自国が国際連盟に加わることはかないませんでした。

コラム　日本海が「東海」では世界が困るのです

　日本海のことを韓国や北朝鮮の人たちは「東海」と呼び、国際的にもそうすべきだと盛んにロビー活動をしているのですが、これはいかがなものでしょう？　他方、中国では東シナ海を東海と呼んでいます。すると、日本海から東シナ海に抜ける船舶は、「東海から東海へ」航海することになりませんか？　そして世界中の海の多くが、東西南北だけで表現されることになりませんか？　これは少しオーバーかもしれませんが。

　ちなみに、中国でも、日本海は日本海と呼んでいると、名通訳の相知美和子さんが教えてくれました。

　2014年1月29日付の産経新聞は、「日本海と併記　米州法案1票差で否決」「韓国系120万人揺さぶり浸透」と伝えています。バージニア州での教科書に、日本海と東海を並記するよう求める法案が8対7で否決されたということもありました。

174

東海というとすぐに思い出すのが、石川啄木最初の歌集『一握の砂』の冒頭の歌です。

東海の小島の磯の白砂に　われ泣きぬれて蟹とたはむる

1907年、啄木は、故郷・岩手県渋民村を出て、函館市に移住しました。「東海の小島」は、啄木が函館の大森浜を念頭に置いて詠われたという（岩城之徳『石川啄木』桜楓社）のが定説なのだそうです。この大森浜が、もしかして日本海に面している？　早速、調べてみると、ほっとしました。函館山から東へのびる海岸が大森浜でした。立待岬がひかえる住吉町から、湯の川温泉、松倉川河口付近まで、南方に青森県の下北半島を臨む海が広がります。かつて、付近一帯に砂山が広がって、その砂の盛り上がる「大盛り」から、浜が名付けられたそうです。啄木の座像があり、啄木小公園があります。「東海」という言葉には「日本」という意味もあるという解説もあります。

執拗に名称変更を迫る韓国

海洋の名前は国際水路機関（International Hydrographic Organization）が決定します。1921年に創設、70年に現在の組織に再編されました。海洋学者としても知られるモナコ大公・アルベール1世の招請を受け、本部はモナコにおかれています。IHOの原加盟国は日本を含む18カ国ですが、現在は72カ国が加盟しています。韓国も1957年に加盟しました。

そのIHOが発行する「大洋と海の境界」（Special Publication No.23、略称：S−23）の第3版（現行版・1953年策定）で日本海は「Japan Sea」となっています。1986年の時点では韓国も公式に「日本海」の名称に同意していたのです。

しかし、その後、韓国は1997年の第15回IHO総会において「日本海」の名称は日本帝国主義の残滓であるとし、Japan Seaを、「東海 East Sea」に変更するように要求し始めたのです。日本側は当然、これに厳

第9章　竹　島　175

しく反論しましたが、2002 年 4 月の第 16 回 IHO 総会において、韓国は、今度は「日本海」に加えて「東海」を併記するよう、手を変えて求めました。IHO の理事会は、この案件は「高度な政治性を有し、日韓両国の調整がつかない」として、日本海の部分は表記しない（白紙とする）形の改訂版最終案を加盟国に配布し、賛否を求めたのです。同年 9 月に IHO の理事国がチリ、ギリシャ、アメリカに変わると、理事会は、「本件は IHO の技術的目的を超える問題に直面している」との談話を発表し、最終案（日本海の名を記さない案）を撤回したのです。

2007 年と 12 年の第 17、18 回 IHO 総会でも日本海呼称問題に対する日韓両国の対立が解消せず、第 4 版への改訂は先送りとなったまま、60 余年を経て、今日なお「Japan Sea」とだけ表記された第 3 版が使用されています。

両国関係を深化させたい

日韓両国は、その後、長い交渉を経て、1965 年日韓基本条約を締結、無償 2 億ドル、有償 3 億ドルで国交を回復しました。その後、朴正熙_{パクチョン ヒ}大統領の指導のもと、「漢江_{ハンガン}の奇跡」を達した韓国は、1988 年には「パルパル・オリンピック」を成功させ、2002 年には日韓共同でサッカーW 杯を成功させました。このころからまた、日本では「韓流ブーム」などにより、観光客も相互に急増し、人的・文化的交流が盛んになり、親近感が深まりました。しかし、竹島をめぐる領土問題、いわゆる慰安婦像の問題や徴用工などにかかわる歴史認識の違いなどによる日韓関係の悪化は依然、深刻さを増すままで、日本からの修学旅行生など、青少年交流の激減もあって日韓関係の現状は停滞ないし冷却というほかありません。

ただ、韓国の人たちの中には、日本への複雑な思いがあり、今、韓国では日本の「居酒屋」が若者に人気です。これが対日イメージの向上に

176

つながればと、居酒屋談義大好きの筆者は期待しています。

2018年11月に東京のグローバル・フォーラムで行われた研究会で、金在信韓国国立外交院日本研究所顧問（前外交通商部次官補、元アジア太平洋局長、元駐独大使）は「2020年の東京オリンピックは韓日国交正常化55周年でもあり、この年を一つの契機として、両国関係を深化させるべきだ」と発言しましたが、この結論は大事にしたいものと拍手しました。

既に法的に解決済みの問題について、ゴールポストを動かすような、韓国のどう考えても国際社会の常識を超える態度は残念でなりません。韓国の知識人と東京やソウルでお会いしたり、電話で要人や知識人と話す機会も少なくないのですが、その方たちの柔和で建設的なもの言いや態度には学ぶべきことが多いです。しかし、集団としての韓国というか、行政、立法はまだしも司法までが「超法規的」判決を下すにおよび、逆に、日本の中に対韓強硬論が巻き起こることが心配でなりません。

ICJ での決着を求め続けよう

日本政府は「竹島問題」でも「徴用工問題」と同様に国際司法裁判所（ICJ）での決着を再三ちらつかせてきた。これまでに1954、62、2002年にICJへの共同付託を提案したことがありますが、いずれも韓国の同意を得られず、裁判に至りませんでした。

確かに、これまで日本がICJに領土問題を提訴して実際に裁判が開かれた例はありません。北方領土についても1972年、ソ連にICJへの付託を提案したが、拒否されました。

それでもICJへの提訴を持ち出すことは意味あることではないでしょうか。提訴も辞さない取り組み姿勢を示すことで韓国やロシアが国際法を守っていないと国際社会にアピールすることは、大きな圧力となり得ると確信します。国際社会に韓国との間に領土問題が存在し、日本はこ

第9章　竹　　島　177

の問題を外交と司法の範囲で解決しようとしていることをアピールすることは決して無意味なことではないと思います。

ICJは強制管轄権を行使し、韓国に対して裁判への出席を強要することも不可能ではありません。それでも韓国が拒み続ければ、裁判はいつまで経っても開けません。国際法上、提訴された側が同意しなければ、裁判は開けないからです。

安倍晋三首相は2014年1月30日、国会でICJへの単独提訴を検討し、「準備を進めている」と答弁しています。また、2012年8月10日に韓国の李明博大統領が同国初の最高首脳として竹島に上陸したことに対し、時の野田佳彦首相は同月21日にICJへの共同提訴を求める書簡を送付していました。韓国政府の拒否を見越してのことでしたが、案の定、韓国政府が日本の提案を拒否したので、単独提訴に切り替え、同年10月にはその方向で調整に入っていたのです。

ただし、日本がICJの話を持ち掛けるごとに韓国の官民は一層反発し、竹島に対する韓国の「実効支配」のさらなる強化を図ることが十分予想されます。また、尖閣諸島問題では「日中間に領土問題はない」とする日本政府の立場であり、それとの二重基準を国際社会から指摘されることも考えられます。

それでなくとも決して良好とはいえない日韓関係は「基本的価値観を同じくする」と言ってきた日米韓3国の紐帯に傷を付け、国益を阻害しかねないことに鑑み、慎重な配慮が必要となるのではないでしょうか。ただ、たとえそれでも、日本側にはICJに提訴する姿勢があるということを示し続けることは大事だと考えます。

吹浦 忠正（ふきうら ただまさ）

2018（平成 30）年 12 月 20 日現在
NPO 法人ユーラシア 21 研究所理事長

　1941 年、秋田市生まれ。早大政経学部政治学科卒、同大学院政治学研究科修了。学生時代にオリンピック東京大会組織委員会国旗担当専門職員（当時のことは、現在、小学校 6 年生用「道徳」の教科書に詳述）。後に、長野冬季五輪組織委儀典担当顧問。国際赤十字海外駐在代表として第 3 次印パ戦争や 1973 年の「パリ協定」前後のベトナム戦争時に駐在。東京財団研究推進担当常務理事として陸・海・空自衛隊最高幹部 OB らとともに、露、台、印、韓、米などで数回にわたりシンポジウムなどを開催。わが国を代表するような有力な学者・専門家からなる安全保障問題研究会（1973 年、末次一郎創立、軍事評論家・久住忠男を座長に、防大・猪木正道、京大・高坂正堯、防大・西原正、青学大・袴田茂樹などで構成）の事務局長として 4 半世紀在勤、2001 年に末次逝去後は、累計 49 回の日ソ（露）専門家会議を継承、訪露歴 130 回、4 島交流推進全国会議副議長として北方領土訪問歴 11 回、防衛大学校での卒業記念講演なども。特別行政法人北方領土問題対策協会講師団元議長。

　東京都生涯学習審議会委員、難民を助ける会副会長など。埼玉県立大教授をはじめ、防大、明大、埼玉大、聖心女子大、拓大、東洋英和女学院大学大学院などで指導した。現在、評論家、難民を助ける会特別顧問、(社福)さぽうと 21 理事長、法務省難民審査参与員、安全保障問題研究会委員、ユーラシア 21 研究所（安全保障と日本外交が主）理事長など。政治学、安全保障関連の学会員、研究会員など多数に所属。

　日露関係、オリンピックや世界の国旗、捕虜問題に詳しく、東京・江東区の全 70 小中学校をはじめ、全国各地で講演や「出前授業」継続中。著作は、『変わる日露関係』（文藝春秋）、『国旗で読む世界史』（祥伝社）、『世界の国旗ビジュアル事典』（学研）、『捕虜たちの日露戦争』（NHK 出版）、『オリンピック 101 の謎』（新潮文庫）など約 50 点。『週刊新潮』での連載「オリンピック・トリビア」は 214 回で完結。「世界一受けたい授業」「NHK スペシャル」「ラジオ深夜便」「視点・論点」「シブ 5 時」「生き証人を連れてきた」「アンビリーバボ」「東京 victory 夢の始まり」「激レアがやってきた」などテレビやラジオに多数出演。2019 年の NHK 大河ドラマ「いだてん」で国旗考証を担当中。

　2019 年、オリンピック・パラリンピック組織委員会国際局アドバイザーに就任。

未来に続く　日本の領土
いかに拓かれ、歴史を刻んだか

令和元年８月１日　初　版　発行

著　者　吹　浦　忠　正
発行者　手　塚　容　子
印刷所　善本社製作部

〒101-0051　東京都千代田区神田神保町2-14-103
発行所　株式会社 善　本　社
TEL　(03) 5213-4837
FAX　(03) 5213-4838

©Tadamasa Fukiura 2019, printed in Japan
ISBN978-4-7939-0482-0-C0025
落丁、乱丁本はお取り替えいたします